Anne Morelli

Die Prinzipien der Kriegspropaganda

Anne Morelli

Die Prinzipien der Kriegspropaganda

Aus dem Französischen von
Marianne Schönbach

Aktualisierte Ausgabe

zu Klampen!

Die französische Originalausgabe erschien bei den Éditions Labor, Brüssel, unter dem Titel:
Principes élémentaires de propagande de guerre. Utilisables en cas de guerre froide, chaude ou tiède …

Die Neuausgabe basiert auf der aktualisierten französischen Neuausgabe, die im Jahre 2023 in den Éditions Labor, Charleroi, erschienen ist.

Aktualisierte Ausgabe 2025

zu Klampen Verlag
Röse 21 · D-31832 Springe
www.zuklampen.de
Bei Fragen zur EU-Produktsicherheitsverordnung GPSR wenden Sie sich bitte an info@zuklampen.de

Satz: hugo thielen m. a. · Hannover
Druck: CPI – Clausen & Bosse, Cpi direkt · Birkstr. 10 · 25917
Umschlag: Matthias Vogel (paramikron) · Hannover

ISBN Printausgabe 978-3-86674-415-8
ISBN E-Book Epub 978-3-86674-444-8
ISBN E-Book Emobi 978-3-86674-445-5

Bibliografische Information der Deutschen Bibliothek
Die Deutsche Bibliothek verzeichnet diese Publikation in der Deutschen Nationalbibliografie; detaillierte bibliografische Daten sind im Internet über ‹http://dnb.dnb.de› abrufbar.

Inhalt

Danke, Lord Ponsonby!

Als ich an der Freien Universität Brüssel das Lehrgebiet »Historische Quellenkritik« übernahm, empfahl mir mein einstiger akademischer Lehrer, Professor Stengers, zwei Werke zur privaten Lektüre und auch als Basis für meine Lehrveranstaltungen. Erstens legte er mir Jean Norton Crus Studie über Augenzeugenberichte ans Herz, die viele unserer Vorstellungen über den Wahrheitsgehalt persönlicher Kriegsberichte in Frage stellt.[1] Zweitens empfahl er mir das aufwühlende Buch von Arthur Ponsonby, das 1928 unter dem Titel *Falsehood in Wartime* in London erschienen war.[2]

Vorab ein paar Sätze über Arthur Ponsonby, denn immerhin verdankt das vorliegende Buch seine Entstehung dieser faszinierenden Persönlichkeit und seinen Überlegungen zur

---

1 Das Buch gab es in zwei Ausgaben. Die erste, 727 Seiten stark (*Témoins. Essai d'analyse et de critique des souvenirs des combattants édités en français de 1915 à 1928*, Paris 1929), löste bei ihrem Erscheinen heftige (positive wie negative) Reaktionen aus, die zweite war eine Taschenbuchausgabe und erschien 1930 im Verlag Gallimard unter dem Titel *Du témoignage*. Ende 1999 war das Buch Gegenstand eines Kolloquiums im Armeemuseum Brüssel.

2 Verlag Allen and Unwin, London, 1928. Das Buch erschien auf Französisch unter dem Titel *Les faussaires à l'oeuvre en temps de guerre* und auf Deutsch unter *Lügen in Kriegszeiten: eine Sammlung und kritische Betrachtung von Lügen, die während des Ersten Weltkriegs bei allen Völkern in Umlauf waren* (Verlag für Ganzheitliche Forschung, Nordfriesland 1999, Faks. der Ausg. von 1930) und als *Absichtliche Lügen in Kriegszeiten* (Verlag Buchkreis für Besinnung und Aufbau, 1967). Da es sich in erster Linie gegen die in den Augen des Autors *falschen* Verbündeten richtete, stieß das Buch bei den Deutschen auf Sympathie. Als die französische Übersetzung 1941 in Brüssel erschien, trug das dem Buch lange Zeit hindurch den ungerechtfertigten Ruf ein, ein Kollaborationsmachwerk zu sein.

Kriegspropaganda im Ersten Weltkrieg. Baron Arthur Ponsonby (1871–1946) stammte aus einer der bedeutendsten Familien Großbritanniens. Da sein Vater Privatsekretär der englischen Königin Victoria war, wurde Arthur auf Schloss Windsor geboren.

Nach standesgemäßem Studium in Eton und Oxford entschied sich Ponsonby für eine diplomatische Laufbahn und zog später als Mitglied der Liberalen Partei (schon das in Anbetracht seiner Herkunft äußerst gewagt!) ins Unterhaus ein. Aus Protest gegen den Kriegsbeitritt seines Landes im Jahr 1914 wechselte er (damals für einen Aristokraten geradezu ungeheuerlich!) zur Labour Party über, die er zunächst im Unter-, dann im Oberhaus repräsentierte. In den von der Labour Party geführten Regierungen war er erst Unterstaatssekretär im Außenministerium, dann Verkehrsminister, schließlich Führer der Labouropposition im Oberhaus. Als sich die Labour Party 1940 den Kriegsbefürwortern anschloss, blieb Arthur Ponsonby seiner pazifistischen Einstellung jedoch treu und brach mit seiner Partei.

Im Oktober 1914 hatte er zusammen mit drei sehr angesehenen englischen Liberalen (Norman Angell, Edmund D. Morel und Trevelyan) und dem damaligen Führer der Labour Party, Ramsay Mac-Donald, die *Union of Democratic Control* gegründet, die sich als öffentlich operierende Kontrollinstanz der britischen Außenpolitik verstand. Trotz der Verfolgungen, denen ihre Mitglieder ausgesetzt waren,[3] veröffentlichte die *Union* während des Ersten Weltkriegs und auch später Pamphlete, in denen sie die offizielle Propaganda der britischen Regierung bekämpfte. Bald dehnte sie ihre Aktivitäten auch aufs Ausland aus, vor allem durch ihre Monatszeitschrift *Foreign Affairs*, die den Untertitel trug *A Journal of International Understanding*. In Frankreich war

3 Morel zum Beispiel wurde verhaftet und musste sechs Monate *hard labour* verrichten.

der *Union of Democratic Control* die *Société d'étude sur la guerre* und die *Union populaire pour la paix* angeschlossen, die sich unter anderem für die Veröffentlichung des Buches von Georges Demartial, *Comment on mobilisa les consciences,*[4] einsetzte.

Als eingefleischter Pazifist wusste Arthur Ponsonby[5] natürlich, dass Krieg immer mit unzähligen Greueltaten, Gewaltakten und Barbarei einhergeht. In seinem Buch ging es ihm jedoch in erster Linie darum, die Lügen zu benennen und zu analysieren, die im Ersten Weltkrieg erfunden und propagiert wurden, um den jeweiligen Bevölkerungen der kriegführenden Länder Wut, Angst und Hass einzuflößen, um also die Leidenschaften der Menschen zu entfachen und dadurch – zumindest in Großbritannien, wo es keine allgemeine Wehrpflicht gab – möglichst viele Freiwillige rekrutieren zu können. So zählte er nicht nur die Lügen auf, die in Deutschland, Frankreich, Italien und in den Vereinigten Staaten verbreitet worden waren, sondern vor allem die aus seiner Heimat Großbritannien, wo Lord Northcliffe für die offizielle Propaganda zuständig war.

Auf diese Weise hat Arthur Ponsonby einige entscheidende Mechanismen der Kriegspropaganda herausgearbeitet, die sich in zehn »Geboten« zusammenfassen lassen. Im vorliegenden Buch habe ich diese zehn »Gebote« in zehn Kapiteln systematisch untersucht. Bei jedem einzelnen Prinzip der Propaganda versuche ich zu belegen, dass es nicht nur im Ersten Weltkrieg eine Rolle spielte, sondern seither immer wieder von den Konfliktparteien verwendet wurde.

---

4 Georges Demartial, *La guerre de 1914. Comment on mobilisa les consciences,* UDC, Editions des Cahiers internationaux, Rom-Paris-Genf 1922. Deutsche Übersetzung: *Die Mobilmachung der Gewissen,* Verlag Reimar Hobbing, Berlin 1926.

5 Zu Arthur Ponsonby empfehlen wir: Harold Josephson, *Biographical Dictionary of modern peace leaders,* Greenwood Press, London 1985, S. 760 ff.

Es geht mir hier nicht darum, die guten oder bösen Absichten der unterschiedlichen Kriegsparteien zu sondieren. Ich will nicht herausfinden, welche Partei Lügen und welche die Wahrheit propagiert, welche in gutem Glauben handelt und welche nicht. Mein Ziel war einzig und allein, die Prinzipien der Kriegspropaganda, die von allen Konfliktparteien in gleicher Weise verwendet werden, anschaulich zu beschreiben und ihre Mechanismen zu verdeutlichen. Die klassischen Prinzipien Ponsonbys, das sei noch gesagt, lassen sich zwar am Beispiel »heißer« Kriege am einfachsten demonstrieren. Sie werden in »kalten« oder »lauwarmen« Kriegen aber mit ebenso viel Erfolg angewendet.

1.
Wir wollen keinen Krieg

In der neueren Geschichte, so hatte bereits Arthur Ponsonby festgestellt, wird von den Staatsmännern aller Länder vor der Kriegserklärung oder in der Kriegserklärung stets beteuert, gegen den Krieg zu sein. Da Krieg und seine grauenhaften Begleiterscheinungen nur selten populär sind, können Regierende gar nicht umhin, sich vorab als Friedensfürsten darzustellen.

Als die französische Regierung 1914 mobil machte, erklärte sie denn auch sofort, dass eine Mobilmachung ja noch kein Krieg sei, sondern im Gegenteil das beste Mittel zur Aufrechterhaltung des Friedens. Am 19. August 1915 beteuerte der deutsche Reichskanzler, Deutschland habe den Krieg nicht gewollt, da der Wohlstand des Landes doch seit Gründung des Kaiserreichs mit jedem weiteren Friedensjahr gewachsen sei.

Bei den Abrüstungsverhandlungen in Washington im November 1921 ließ sich Aristide Briand, der die französischen Kolonialkriege von Napoleon bis zurück zu Ludwig XIV. und auch die französischen Forderungen im Vertrag von Versailles offensichtlich vergessen hatte, zu der Behauptung hinreißen: »Nie während seiner ganzen Geschichte ist das französische Volk imperialistisch oder militaristisch gewesen, und keine andere Siegernation hätte sich mit so bescheidenen Forderungen zufriedengegeben wie wir Franzosen«.

Im Zweiten Weltkrieg war es nicht anders. Dass die Alliierten ihre Friedensliebe beteuerten, mag nicht verwundern, doch verblüffenderweise behaupteten die Achsenmächte das

Gleiche von sich. In alten Wochenschauen kann man sehen, dass der japanische Admiral Tojo und der amerikanische Präsident Roosevelt nach der Kriegserklärung der USA an Japan im Dezember 1941 fast wortwörtlich dieselben Floskeln benutzten. Beide bezeichneten sich als pazifistisch und betonten, sie seien gegen den Krieg.

In den Reden Franklin D. Roosevelts taucht dieses Thema häufig auf. Am 16. Mai und am 10. Juli 1940 etwa versicherte er dem Kongress, der die Kriegskredite für den Aufbau einer größeren und schlagkräftigeren Armee bewilligen musste: »Nicht nur jeder amerikanische Bürger, sondern jede Regierung auf der Welt weiß, dass wir keinen Krieg wollen. Wir werden unsere Waffen nicht in einem Aggressionskrieg zum Einsatz bringen; wir werden unsere Soldaten nicht in europäische Kriege schicken. Aber wir werden jeden Angriff gegen die Vereinigten Staaten oder die westliche Welt abwehren.«[6] Selbst Hitler, Göring und v. Ribbentrop kehrten 1939 ihren Friedenswillen heraus, genauso wie der französische Ministerpräsident Edouard Daladier, der allerdings wirklich mit aufrichtigem Bemühen versucht hat, den drohenden Krieg zu vermeiden. Die von der französischen Regierung zugänglich gemachten diplomatischen Akten[7] aus der Zeit unmittelbar vor Ausbruch des Zweiten Weltkriegs dokumentieren jedoch zahlreiche einander widersprechende Beispiele dieses »Friedenswillens«.

Schon im deutsch-österreichischen Freundschaftsvertrag von 1936 erklärten die Regierungen des Reichs und des

---

6 Diese Texte sind zu finden in *America Chooses! in the Words of President Roosevelt (June 1940–June 1941)*, herausgegeben von Gordon Beckles (Pseudonym), Harrap, London 1941, S. 23.

7 *Le Livre jaune français. Documents diplomatiques 1938–1939, pièces relatives aux événements et aux négociations qui ont précédé l'ouverture des hostilités entre l'Allemagne d'une part, la Pologne, la Grande-Bretagne et la France d'autre part*, veröffentlicht vom französischen Außenministerium, Imprimerie nationale, Paris 1939.

Bundesstaates Österreich, ihre Beziehungen verändern zu wollen, aus ihrer Überzeugung heraus, damit einen wichtigen Beitrag zur allgemeinen Friedensentwicklung in Europa zu leisten. Als sich die Krise zuspitzte, die dann zur Zerschlagung der Tschechoslowakei führte, erklärte Hitler am 26. September 1938 in der Rede im Berliner Sportpalast, er habe dem britischen Premierminister Chamberlain versichert, »dass das deutsche Volk nichts anderes will als Frieden. Allein, ich habe ihm auch erklärt, dass ich nicht hinter die Grenzen unserer Geduld zurückgehen kann«.

In derselben Rede – ein Jahr vor dem deutschen Einmarsch in Polen – zitierte Hitler das deutsch-polnische Abkommen als Modell: »Wir alle sind überzeugt, dass dieses Abkommen eine dauernde Befriedung mit sich bringen wird. Wir sehen ein, dass hier zwei Völker sind, die nebeneinander leben müssen und von denen keines das andere beseitigen kann. [...] Das Entscheidende ist, dass die beiden Staatsführungen und alle vernünftigen und einsichtigen Menschen in beiden Völkern und Ländern den festen Willen haben, das Verhältnis immer mehr zu bessern.«

Dieser »Friedenswille« ist tatsächlich eines der Leitmotive in den Erklärungen des »Führers«. Gegenüber dem französischen Botschafter in Berlin erklärte er zum Thema deutsch-französische Beziehungen: »Ich möchte, dass diese Beziehungen friedlich und gut sind, und ich sehe keinen Grund, weshalb sie es nicht sein sollten. Es gibt keinen Grund zum Konflikt zwischen Deutschland und Frankreich.«[8] Das von Hitler und dem tschechischen Staatspräsidenten Dr. Hach am 15. März 1939 unterzeichnete Abkommen, das der Existenz der Tschechoslowakei ein Ende bereiten sollte,

---

8 Brief des französischen Botschafters in Berlin, M. Coulondre, vom 23. November 1938 an den französischen Außenminister Georges Bonnet, in: *Livre jaune*, S. 38. Damit ist eindeutig belegt, dass Hitler damals Frankreich zu beruhigen versuchte, um in Mitteleuropa freie Hand zu haben.

beginnt mit dem Ausdruck der »Überzeugung, dass das Ziel aller Bemühungen die Sicherung von Ruhe, Ordnung und Frieden in diesem Teil Mitteleuropas sein müsse.«[9]

Außenminister v. Ribbentrop erklärte gegenüber dem slowakischen Regierungschef Tiso unter Anspielung auf die deutsch-polnischen Beziehungen: »Der Führer will keinen Krieg. Er wird sich nur mit größtem Widerwillen dazu entschließen.«[10] Und als Göring Anfang August 1939 vor den Arbeitern der Rheinmetall-Werke sprach, betonte auch er, dass das Reich keinen Krieg wolle, dass es gelassen und voller Vertrauen in den »Führer« dem von diesem ersehnten Frieden entgegensehe, dass es sich jedoch wehren würde, wenn man ihm diesen Frieden verweigere oder wenn jemand die Dummheit begehen sollte, ganz Europa in einen Krieg zu ziehen.[11]

Hitler beteuerte in einem Brief vom 27. August 1939 an den französischen Ministerpräsidenten Edouard Daladier erneut seinen Friedenswillen. Seine Worte könnten einen zu Tränen rühren, wenn man nicht wüsste, welche tatsächlichen Absichten und Pläne sich dahinter verbargen, Pläne, die schon lange fertig in der Schublade warteten: »Als alter Frontsoldat kenne ich wie Sie die Schrecken des Krieges. Aus dieser Gesinnung und Erkenntnis heraus habe ich mich auch ehrlich bemüht, alle Konfliktstoffe zwischen unseren beiden Völkern zu beseitigen.« Und er versicherte, dass es ihm mit seinem Verzicht auf Elsass-Lothringen vollkommen ernst sei: »Durch diesen Verzicht und durch diese Haltung glaubte ich jeden denkbaren Konfliktstoff zwischen unseren beiden

---

9 Brief des deutschen Botschafters in Paris an den französischen Außenminister Georges Bonnet, mit Datum vom 15. Mai 1939 (*Livre jaune*, S. 89).

10 Brief des französischen Geschäftsträgers in Berlin an den französischen Außenminister, mit Datum vom 6. April 1939, in: *Livre jaune*, S. 126.

11 *Livre jaune*, S. 264; Brief vom 10. August 1939 des französischen Geschäftsträgers in Berlin, Saint Hardouin, an den französischen Außenminister Georges Bonnet.

Völkern ausgeschaltet zu haben, der zu einer Wiederholung der Tragik von 1914–1918 würde führen können [...]. Wir haben auf Elsass-Lothringen verzichtet, um ein neues Blutvergießen zu vermeiden.«

Gleichzeitig wandte sich Hitler mit einem Schreiben an die britische Regierung, um auch sie von seinen pazifistischen Absichten zu überzeugen. Wieder brachte er »den Wunsch der Reichsregierung nach einer aufrichtigen deutsch-englischen Verständigung, Zusammenarbeit und Freundschaft« zum Ausdruck. Und als er am 1. September 1939 den Reichstag einberief, um ihn über den Einmarsch in Polen zu unterrichten, unterstrich Hitler auch diesmal seine friedlichen Absichten und seine Bemühungen um Erhaltung des Friedens: »Wie immer, so habe ich auch hier versucht, auf dem Wege friedlicher Revisionsvorschläge eine Änderung des unerträglichen Zustandes herbeizuführen. Es ist eine Lüge, wenn in der Welt behauptet wird, dass wir alle unsere Revisionen nur unter Druck durchzusetzen versuchten. [...] In jedem einzelnen Fall habe ich dann von mir aus nicht einmal, sondern oftmals Vorschläge zur Revision unerträglicher Zustände gemacht [...]. Sie kennen die [...] endlosen Versuche, die ich zu einer friedlichen Verständigung über das Problem Österreich unternahm und später über das Problem Sudetenland, Böhmen und Mähren [...]. Ich bin entschlossen, dafür zu sorgen, dass im Verhältnis Deutschlands zu Polen eine Wendung eintritt, die ein friedliches Zusammenleben sicherstellt.«

Ganz ähnliche Worte waren – was uns weit weniger überrascht – aus dem Lager der Alliierten zu hören. Bei einem Gespräch am 15. August 1939, kurz vor Ausbruch der »drôle de guerre«, des zunächst ruhenden Krieges zwischen Deutschland und Frankreich, kennzeichnete der französische Botschafter in Berlin gegenüber dem deutschen Staatssekretär im Außenministerium sein Volk als »arbeitsam, ruhig und friedliebend, das aber für die Verteidigung seiner Ehre und seiner Position in der Welt zu allen Opfern bereit ist.« Als Edouard Daladier am 2. September 1939 das französische Parlament über den Ausbruch des Krieges unterrichtete, griff auch er dieses Thema auf: »Nie wären wir Franzosen bereit, in das Territorium eines fremden Landes einzumarschieren.« Eine koloniale Vergangenheit Frankreichs schien es nicht zu geben. Und auch sein »Appell an die Nation« vom 3. September 1939 kreiste um die Betonung seines Friedenswillens: »Ich kann guten Gewissens behaupten, rastlos, bis zur letzten Minute, gegen den Krieg angekämpft zu haben.«[12]

Derselbe pazifistische Geist drückt sich in jüngeren Erklärungen aus. Als der türkische Präsident Recep Tayyip Erdogan im Oktober 2019 seine Armee in den Norden Syriens schickt, um die Kurden vom bewaffneten Arm der Demokratischen Einheitspartei Syriens, PYD, abzuschneiden, tauft Ankara diese Militäroperation »Quelle des Friedens«.

Dieselbe Friedensliebe finden wir in Äußerungen von Donald Trump. Im Januar 2020 lässt der amerikanische Präsident eine Rakete abfeuern, die den iranischen General Qassem bei einem Besuch in Bagdad tötet. Die iranische Antwort ist heftig: 22 Raketen werden auf amerikanische Basen in der Region abgefeuert. Trump aber stellt seine Strategie als einen »Friedensplan für den Nahen Osten« vor, und die französische Tageszeitung *Le Figaro* titelt »Der Iran mobilisiert gegen den Friedenplan von Donald Trump«.[13]

Auch die Nato, die drei Monate lang Jugoslawien bombardiert hat, obwohl das Land keinen Mitgliedsstaat des Militärbündnisses angegriffen hatte, und die den Irak angegriffen hat, proklamiert, dass es ihr Ziel sei, einen dauerhaften Frieden zu sichern.

---

12 *Livre jaune*, S. 416. Er hatte in der Tat alles in seinen Möglichkeiten Stehende getan, um den Krieg zu vermeiden, zumal er wusste, wie schlecht die französische Armee auf einen Konflikt vorbereitet war.

13 *Le Figaro*, 30. Januar 2020.

Wenn alle Staats- und Regierungschefs vom gleichen Friedenswillen beseelt sind, stellt sich natürlich die Frage, warum dennoch immer wieder Kriege ausbrechen! Das zweite Prinzip der Kriegspropaganda begegnet diesem Einwand jedoch sofort: Wir sind zum Krieg *gezwungen* worden, der Angriff ging vom *gegnerischen* Lager aus, wir sind *gezwungen* zu reagieren, *aus Notwehr* beziehungsweise um unseren internationalen *Verpflichtungen* nachzukommen.

2.
Das feindliche Lager trägt die alleinige Schuld am Krieg

Arthur Ponsonby hatte dieses Paradox bereits am Beispiel des Ersten Weltkriegs aufgedeckt, und wahrscheinlich ließe es sich auch auf Kriege davor beziehen: Stets versichert jede Kriegspartei, sie sei zur Kriegserklärung *gezwungen* gewesen, um den Gegner daran zu hindern, die Welt in Brand zu stecken. Alle Regierungen betonen immer wieder lauthals, dass manchmal Krieg geführt werden müsse, um dem Krieg ein für allemal ein Ende zu bereiten. Dieses sei nun der letzte Krieg, weil mit ihm sämtliche Konfliktursachen beseitigt würden.

Obwohl sich Paris 1914 klar darüber war, dass die gleichzeitige Mobilmachung Russlands und Frankreichs unweigerlich die Kriegserklärung Deutschlands nach sich ziehen würde, rief Frankreich die allgemeine Mobilmachung aus und wartete auf die dann auch prompt folgende Antwort Deutschlands. Kaum hatte Deutschland den Krieg erklärt, beschworen aber sowohl der französische Staatspräsident als auch der Premierminister in seiner Rede vom 4. August 1914, dass Frankreich völlig überraschend durch die »plötzliche, abscheuliche, heimtückische, beispiellose« Aggression Deutschlands in den Krieg hineingezogen worden sei. Kein Wort natürlich über die geheimen Absprachen Frankreichs mit Russland. Um der Bevölkerung weismachen zu können, dass allein den Deutschen die Schuld am Ausbruch des Ersten Weltkriegs zukomme, wurden aus dem sogenannten »Gelben Buch«, einer Sammlung französischer diplomatischer Schriftstücke, einige Dokumente entfernt, andere bewusst verändert, so dass von den französisch-russischen Vereinbarungen und der russischen Mobilmachung nichts an die Öffentlichkeit dringen konnte.

Der französische Historiker Ernest Lavisse behauptete am 5. November 1914 in seiner Rede zu Semesterbeginn an der geisteswissenschaftlichen Fakultät der Universität Paris: »Es hätte keinen Krieg gegeben, wenn Deutschland ihn nicht gewollt hätte; *allein* [Hervorhebung der Autorin] Deutschland hat den Krieg gewollt«. In dasselbe Horn blies *Le Matin* vom 1. August 1914: »Wir hätten alles getan, was man nur tun kann, um den Krieg zu verhindern. Aber wenn er ausbricht, werden wir ihn mit größten Erwartungen begrüßen.« Und in *Le Temps* vom 2. August 1914 war zu lesen: »Da uns dieser Krieg *aufgezwungen* wurde [Hervorhebung der Autorin], werden wir ihn mit aller Leidenschaft führen.«

Allgemein gilt, dass immer der Nachbar als Aggressor hingestellt wird, obwohl im Moment des Kriegsausbruchs meist gar nicht genau zu ermitteln ist, *wer* wirklich der Aggressor ist. Tatsächlich jedoch werden Kriege, wie Luigi Sturzo feststellte, fast immer von der Partei ausgelöst, die aufgrund ihrer überlegenen Waffen oder Offensivkraft davon ausgeht, ihn rasch und sicher gewinnen zu können.[14]

Darüber hinaus wird dem Feind, dem »anderen«, stets mangelnder Respekt gegenüber Verträgen unterstellt. So behaupteten die Franzosen, dass die Deutschen 1914 die Abmachung von 1839 verletzt hätten, in der die Neutralität Belgiens festgeschrieben war. Aus französischer Sicht waren Verträge für die Deutschen immer nur ein »Fetzen Papier«. Nun besteht jedoch immer nur die Seite auf der strikten Einhaltung von Verträgen, die sie zum eigenen Vorteil brauchen

14 Dieser antifaschistisch eingestellte italienische Priester, Gründer der italienischen Volkspartei, hatte u.a. ein Buch über die internationale Gemeinschaft und das Kriegsrecht veröffentlicht. Die englische Ausgabe stammt von 1929, die französische von 1931, die italienische (*La comunità internazionale e il diritto di guerra*, Zanichelli, Bologna) von 1954.

kann, und gelten Verträge immer nur als ein »Fetzen Papier« für die Partei, die sie am liebsten zerreißen würde. Zwar hatten die Deutschen 1914 in der Tat die Neutralität Belgiens verletzt, aber schon 1911 hatte der französische General Michel in einem Bericht seinem Kriegsminister geraten, »einen Großteil unserer Truppen für eine mächtige Offensive in Belgien einzusetzen.«[15]

Auch die Engländer rechneten schon seit 1911 damit, dass sie im Fall eines Krieges mit Deutschland als *Präventivmaßnahme* ihre Truppen nach Flandern schicken würden.[16] Eine Vereinbarung mit dem belgischen Generalstab lautete entsprechend.

In Paris und London war man beinahe erleichtert, als Deutschland seine Truppen im August 1914 durch Belgien marschieren ließ. Damit konnten sich die französische und englische Regierung gegenüber ihren Völkern leicht für den Kriegsbeitritt rechtfertigen. Schließlich hatte Deutschland diesen Krieg provoziert.

Auch die Vereinigten Staaten begründeten ihren Kriegseintritt am 2. April 1917 mit der notwendigen »*Bestrafung* der illegalen *Aggressionen* [Hervorhebung der Autorin] Deutschlands gegen Bürger und Güter Amerikas, die aufgrund der Neutralität des Landes nicht mehr wirksam geschützt werden konnten.«[17] Jedes Lager präsentierte seinen Kriegseintritt als Anwort auf eine Aggression.

Der Versailler Vertrag, der Deutschland 1919 nach seiner Kapitulation auferlegt wurde, führt in Artikel 231 sogar explizit aus, dass Deutschland die alleinige Kriegsschuld

---

15 G. Demartial, S. 38.

16 Ebd. S. 39.

17 Vgl. Pierre Monniot, *Les États-Unis et la neutralité de 1939–1941*, Paris 1946, S. 6–7. Präsident Wilson war wegen seiner isolationistischen Haltung gewählt worden, doch die Torpedierung erst der *Lusitania*, dann der *Arabic*, sollte ihm den Vorwand liefern, um in den Krieg einzutreten. Eine für die Wirtschaft seines Landes sehr lohnende Entscheidung.

übernimmt. Deutschland und seine Verbündeten seien »verantwortlich dafür, sämtliche Verluste und Schäden verursacht zu haben, welche die alliierten und assoziierten Regierungen und ihre Bürger infolge des ihnen durch die *Aggression* Deutschlands und seiner Verbündeten *aufgezwungenen* Krieges erlitten haben [Hervorhebung der Autorin].«[18]

Einige Zeit nach dem Krieg wurden jedoch auch bei den Alliierten Stimmen laut, die einräumten, dass es nicht nur einen Verantwortlichen für den Ausbruch des Ersten Weltkriegs gab. So äußerte etwa Henri Poincaré 1925: »Ich behaupte nicht, dass Deutschland und Österreich primär die bewusste und lange gereifte Absicht hatten, einen allgemeinen Krieg auszulösen. Es gibt kein Dokument, das zur Annahme berechtigen würde, dass sie damals irgendeinen systematischen Plan verfolgt hätten.« Und Francesco Nitti, der ehemalige italienische Ministerpräsident, gab nach dem Krieg zu, dass die Alleinschuld des Feindes ein Kriegsmythos war: »Ich kann nicht sagen, dass Deutschland und seine Verbündeten die einzig Schuldigen am Krieg waren, der ganz Europa verwüstet hat [...]. Wir alle haben das während des Krieges behauptet, als Waffe, wie man sie in jeder Epoche zu Kriegszeiten verwendet hat; jetzt aber, wo der Krieg beendet ist, lässt es sich nicht mehr als ernsthaftes Argument ins Feld führen [...]. Wenn es einst möglich sein wird, die Dokumente der Kriegsdiplomatie sorgfältig zu analysieren und wenn die zeitliche Distanz zu den Geschehnissen uns erlauben wird, sie in Ruhe zu beurteilen, wird man erkennen, dass die Haltung Russlands die wirkliche und eigentliche Ursache des weltweiten Konflikts gewesen war.«

---

18 Der Text des Versailler Vertrags, der am 28. Juni 1919 unterzeichnet wurde, stammt aus: Martens, *Nouv. Recueil Général*, 3. S., Bd. XI, S. 323 ff.: »Der Friedensvertrag von Versailles nebst Schlussprotokoll und Rheinlandstatut«, Berlin 1925.

Man sollte meinen, dass dieses Propagandaprinzip 25 Jahre später keine Wirkung mehr auf eine Generation ausüben kann, die von einem weiteren »allerletzten« Krieg kalt erwischt wird. Dennoch wurde es vor Ausbruch des Zweiten Weltkriegs von beiden Lagern wieder bemüht.

Die Version des alliierten Lagers lautete dabei wie folgt: Die Schicksale des unglücklichen Österreich, das gegen seinen Willen von Deutschland annektiert worden war, der friedliebenden Tschechoslowakei, die man in Stücke zerteilt hatte, des demokratischen Polen, dem man seinen Zugang zum Meer entreißen wollte, stellten Provokationen der Achsenmächte dar, die Frankreich und England dazu zwangen, Deutschland den Krieg zu erklären, um die eigene beschämende Kompromissbereitschaft nicht zu wiederholen, die unter anderem das Sudetenland der deutschen Gefräßigkeit ausgeliefert hatte. Aus diesem englisch-französischen Blickwinkel war die den Tschechen *aufgezwungene* Abtretung von Bevölkerungen und Gebieten nur durch die Furcht der Alliierten vor dem Reich und die unentschuldbare Schwäche der Politiker zu erklären, von denen die demokratischen Staaten repräsentiert wurden.

Frankreich hatte sich aus der Perspektive der alliierten Sieger daher nur *widerstrebend* für den Krieg entschieden, weil es ein unauflösbares Band mit der Tschechoslowakei hatte, an deren Gründung es beteiligt gewesen war. Die französische Regierung konnte ihr Wort nicht brechen, das sie damals mit ihrer Unterschrift und den daraus erwachsenden heiligen Verpflichtungen gegeben hatte.

In Wirklichkeit aber war etwa Frankreich in Hinblick auf den letztgenannten Punkt durch keine Unterschrift und keinen Vertrag gezwungen, im Falle eines deutschen Angriffs auf die Tschechoslowakei den Tschechen automatisch beizustehen. Natürlich stand es Frankreich frei, aus eigenem Antrieb so zu handeln, doch weder der Beistandspakt, der zwischen beiden Ländern 1924 unterzeichnet worden war, noch der Vertrag von Locarno von 1925 verpflichtete das Land dazu. Im Beistandspakt von 1924 verpflichteten sich beide Länder, *sich in außenpolitischen Fragen abzustimmen* (Art. 1) und *im Fall von Bedrohung Maßnahmen zur Wahrung gemeinsamer Interessen zu vereinbaren* (Art. 2), von Verpflichtungen Frankreichs gegenüber der Tschechoslowakei war also keine Rede.

Im Vertrag von Locarno hatten Frankreich und die Tschechoslowakei zwar gegenseitigen militärischen Beistand im Fall einer deutschen Aggression vereinbart, aber im letzten Artikel hieß es, dass der französisch-tschechische Beistandspakt in dem Moment hinfällig sei, in dem der allgemeine Vertrag von Locarno außer Kraft gesetzt würde.[19] Nun war aber der Vertrag von Locarno 1938 von seinen verschiedenen Unterzeichnern schon lange aufgekündigt worden und damit Geschichte, der französisch-tschechische Beistandspakt war also automatisch hinfällig geworden. Die französische Regierung hütete sich jedoch, dies der Bevölkerung klar zu machen, denn nur so konnte sie plausibel versichern, dass Frankreich zum Krieg *gezwungen* war, zu einem Krieg, der natürlich als rein defensiv beschrieben wurde.

In seiner Parlamentserklärung vom 2. September 1939 versicherte Daladier (und kehrte dabei erneut die koloniale Vergangenheit seines Landes unter den Tisch): »Das Heldentum der Franzosen beruht auf *Verteidigung* und nicht auf Eroberung. Wenn Frankreich sich erhebt, dann nur aus dem Bewusstsein heraus, dass es bedroht ist.« Und in seinem »Appell an die Nation«, in dem er die französische

19 Der Text des Vertrags von Locarno, unterzeichnet am 16. Oktober 1925, ist zu finden auf: *Vertrag zwischen Deutschland, Belgien, Frankreich, Großbritannien und Italien (16.10.1925)*, in: documentArchiv.de (Hrsg.), URL: http://www.documentArchiv.de/wr/1925/ locarno-vertrag.html.

Verantwortung für die auch durch den Versailler Vertrag hervorgerufene Situation schlichtweg überging, versicherte er am 3. September 1939: »Deutschland hat sich geweigert, allen Menschen guten Willens zu antworten, die ihre Stimme in letzter Zeit für die Wahrung des Weltfriedens erhoben hatten [...]. Wir führen den Krieg, weil man ihn uns *aufgezwungen* hat.« Wiederum trägt das andere Lager die alleinige Schuld am Krieg.

Schaut man sich jedoch die Dokumente der damaligen Zeit noch einmal näher an, so wird verständlich, weshalb es umgekehrt so einfach war, vor der deutschen öffentlichen Meinung, genau wie später gegenüber der öffentlichen Meinung in Japan, behaupten zu können, das Lager der Alliierten habe den Krieg *gewollt* und *bewusst herbeigeführt*. Aus deutscher Sicht zum Beispiel, und bei weitem nicht nur aus Sicht der Nazis, waren die Verträge von Versailles, von Saint-Germain und von Trianon unerträgliche Diktate, Konsequenz eines zweifelhaften Sieges. Sie hatten zum Ziel, die Macht des deutschen Reiches und Österreichs zu schmälern und zum Zusammenbruch ihres jeweiligen Kaiserreichs zu führen. Diese Verträge wurden als Demütigungen empfunden, stürzten die besiegten Länder in tiefstes materielles Elend und schnitten einen beträchtlichen Teil der deutschen Minderheiten im Ausland von der Heimat ab. Die Revision dieser Verträge konnte daher als Wiedergutmachung eines Unrechts dargestellt werden, das zu beseitigen sich Engländer und Franzosen *weigerten*.

Der Anschluss von Österreich an Deutschland am 11. März 1938 war aus dieser Perspektive also keineswegs ein Gewaltakt, abgesehen davon, dass der weitaus größte Teil der Österreicher ihn begrüßte. Die Tschechoslowakei wiederum war aus deutscher Sicht nichts anderes als eine künstliche Kreation der Engländer und Franzosen, durch die katholische

Slawen und entkonfessionalisierte[20] Tschechen mit einer starken deutschen Minderheit, außerdem mit Ungarn, Ruthenen, Rumänen und Polen zusammengefügt wurden, vorrangig mit dem Ziel, Deutschland zu schwächen.
Die Tschechoslowakei verhielt sich übrigens zwischen den Kriegen gegenüber Minderheiten keineswegs wie das Vorbild an Toleranz und Demokratie, als das die alliierte Propaganda dieses Land darstellte, genausowenig wie Polen, das zwar mit Frankreich und England verbündet war, aber immer von autoritären Regimen beherrscht wurde (Marschall Pilsudski, Oberst Beck ...) und schließlich – aber das war natürlich nicht Bestandteil der gegen Deutschland gerichteten alliierten Propaganda – ganz offen antisemitisch war.

In den verschiedenen Krisen, die den Zweiten Weltkrieg vorbereiteten, beteuerte Deutschland stets, nur auf die Aggressionen und Drohungen der Engländer und Franzosen oder ihrer Verbündeten zu reagieren. So behauptete die deutsche Propaganda in der tschechischen Frage ganz forsch, Deutschland habe nur auf die Mobilmachung reagiert, die von Präsident Benes Mitte Mai 1938 angeordnet worden war, und 1939 argumentierte sie, der Einmarsch in Polen sei lediglich die Antwort auf die polnischen Provokationen.

In einem Brief ans *Foreign Office*[21] kurz vor dem Einmarsch in Polen klagte Hitler über »himmelschreiende, barbarische Misshandlungen und sonstige Verfolgungen der großen deutschen Volksgruppe in Polen, die bis zur Tötung vieler dort lebender Deutscher oder zur Verschleppung unter

20 Die Teilung der Tschechoslowakei in Tschechien und Slowakei in den 1990er Jahren wurde dargestellt wie eine Fügung des Schicksals und könnte heute von den Deutschen als »Endsieg« ihrer Einschätzung gesehen werden.

21 Antwortnote Hitlers an den britischen Botschafter Henderson vom 29. August 1939, Wortlaut in: *Deutsches Weißbuch* 2/1939, S. 300 f. (Nr. 464), ferner in *Akten zur Deutschen Auswärtigen Politik*, Bd. VII, S. 345 ff. (Nr. 421), zitiert in Max Domarus, *Hitler. Reden und Proklamationen 1932–1945*, Band drei, 1939–1940, Pamminger & Partner, Leonberg, 4. Aufl. 1988, S. 1286.

grausamsten Begleitumständen führten. Diese Zustände sind für eine Großmacht unerträglich. Sie haben Deutschland *gezwungen* [Hervorhebung der Autorin], nach monatelangem Zusehen nunmehr ebenfalls die notwendigen Schritte zur Wahrung der *berechtigten* [Hervorhebung der Autorin] deutschen Interessen zu ergreifen.« Klagen, die einen seltenen Zynismus offenbaren, wenn man sich Hitlers unzählige Vorhaben in Bezug auf die slawischen Völker vor Augen hält! Die »Geduld der Deutschen« gegenüber diesen Provokationen hatte im September 1939 angeblich ihre Toleranzschwelle erreicht!

Der deutsche Außenminister v. Ribbentrop griff dieses Thema bei einem Gespräch am 1. September 1939 mit dem französischen Botschafter in Berlin wieder auf und behauptete, von einer deutschen Aggression zu sprechen sei abwegig, da Polen selbst Deutschland seit Monaten provoziert habe. Es habe Danzig wirtschaftlich ausgelaugt, die deutsche Minderheit in Polen misshandelt und unaufhörlich Grenzverletzungen begangen. Mit größter Geduld habe der Führer diese Provokationen ertragen, in der Hoffnung, Polen würde doch noch zur Vernunft kommen. Doch das Gegenteil sei eingetreten. Polen, das seit Monaten mobil mache, habe am Abend zuvor die allgemeine Mobilmachung beschlossen. Die Polen hätten auf deutschem Territorium drei *Angriffe* verübt. Angesichts dieser Geschehnisse sei die Version einer deutschen Aggression geradezu absurd.

In seiner Rede vor dem Reichstag rechtfertigte Hitler die Invasion Polens mit denselben Argumenten als legitimen Gegenschlag: »Danzig war und ist eine deutsche Stadt! Der Korridor war und ist deutsch! Alle diese Gebiete verdanken ihre kulturelle Erschließung ausschließlich dem deutschen Volk [...]. Danzig wurde von uns getrennt! Der Korridor von Polen annektiert! Die dort lebenden deutschen Minderheiten in der qualvollsten Weise misshandelt. Über eine Million

Menschen deutschen Blutes mussten [...] ihre Heimat verlassen.« Erneut behauptete er, Polen habe seine Vorschläge mit Mobilmachungen beantwortet, »mit verstärktem Terror. [...] Ich habe mich daher nun entschlossen, mit Polen in der gleichen Sprache zu reden, die Polen seit Monaten uns gegenüber anwendet«. Hitler wies also Polen die alleinige Kriegsschuld zu.

Am 1. September 1939 rechtfertigte v. Ribbentrop den Einmarsch der deutschen Truppen in Polen und beteuerte, die polnischen Truppen hätten zuvor Angriffe auf deutsches Territorium verübt, Polen habe Deutschland provoziert und er habe vergeblich auf einen polnischen Unterhändler gewartet. Erneut versicherte v. Ribbentrop, der Führer wolle keinen Krieg und würde sich nur widerstrebend dazu entschließen. Die Entscheidung für Krieg oder Frieden hänge jedoch nicht vom »Führer« ab, sondern von Polen. Bei gewissen Fragen, die von lebenswichtigem Interesse für das Reich seien, müsse Polen nachgeben und Forderungen erfüllen, die für Deutschland unverzichtbar seien. Bei einer Weigerung Polens würde die Verantwortung für einen Konflikt bei Polen liegen und nicht bei Deutschland.[22]

Am 3. September 1939 erklärten Großbritannien und Frankreich Deutschland den Krieg. Was die deutsche Sicht der Dinge – dass nämlich diese beiden Mächte den Krieg begonnen hätten – bestätigte. Deutschland habe ja nur *reagiert*, zunächst auf die polnischen Übergriffe, dann auf die französisch-britische Kriegserklärung. Ein weiteres Argument, das von Deutschland 1939 und 1940 zur Rechtfertigung des Krieges vorgebracht wurde, war die Behauptung, die Engländer und Franzosen sowie ihre Verbündeten würden das III. Reich umzingeln und es zum Krieg zwingen, um

---

22 Erklärung des deutschen Außenministers v. Ribbentrop gegenüber Monsignore Tiso, dem Chef der slowakischen Regierung, am 5. April 1939, *Livre jaune*, a.a.O., S. 126.

diese Umzingelung aufzubrechen. Damit war der Krieg aus deutscher Sicht ein Präventiv- und Verteidigungskrieg. Ein Thema, das übrigens in den Wochenschauen vom Mai 1940 immer wieder auftauchte: Mit Hilfe von Karten wurde die Verantwortung für diese »Umzingelung« den Mächten zugesprochen, die sich nach dem Versailler Vertrag jeder friedlichen Revision dieser feindseligen Vereinbarungen widersetzt hatten.

Auch die Vereinigten Staaten rechtfertigten ihren Eintritt in den Zweiten Weltkrieg mit dem Argument einer »Umzingelung« des Landes durch die Achsenmächte, welche die USA einem Zustand permanenter Gefahr aussetze. Als es zum Abbruch der diplomatischen Beziehungen zwischen Deutschland und den USA kam, gab Hitler selbstverständlich Roosevelt die Schuld, in dem er eine Marionette der internationalen Finanzwelt und der Juden sah.

Nach Ansicht Hitlers habe der amerikanische Präsident sein Land nur deshalb in den Krieg gezogen, um die Bevölkerung von der missratenen Innenpolitik und dem Scheitern des New Deal abzulenken. Außerdem habe sich Roosevelt »seit Kriegsbeginn in steigendem Maße völkerrechtswidrige Verbrechen zuschulden kommen lassen. […] Dadurch ist das aufrichtige und von beispielloser Langmut zeugende Bestreben Deutschlands und Italiens, trotz der seit Jahren erfolgten unerträglichen Provokationen durch den Präsidenten Roosevelt eine Erweiterung des Krieges zu verhüten und die Beziehungen zu den Vereinigten Staaten aufrechtzuerhalten, zum Scheitern gebracht worden. Deutschland und Italien haben demgegenüber sich nunmehr endlich *gezwungen* [Hervorhebung der Autorin] gesehen, getreu den Bestimmungen des Dreimächtepaktes vom 27. September 1940 Seite an Seite mit Japan den Kampf zur Verteidigung und damit die Erhaltung der Freiheit und Unabhängigkeit ihrer Völker und

Reiche gegen die Vereinigten Staaten von Amerika und England gemeinsam zu führen.«[23]

Die Note mit Hitlers Kriegserklärung an die USA, die der Beauftragte des deutschen Außenministeriums dem amerikanischen State Department übergab, schob den USA die volle Verantwortung für die Konfliktsituation zu. Die Vereinigten Staaten hätten mehrfach ihre neutrale Haltung aufgegeben, seit am 3. September 1939 Großbritannien und Frankreich Deutschland den Krieg erklärt hatten, ja sogar Befehl gegeben, auf sichtbare deutsche U-Boote zu schießen und deutsche Handelsschiffe zu kapern: »Obwohl sich Deutschland seinerseits gegenüber den Vereinigten Staaten von Amerika während des ganzen gegenwärtigen Krieges streng an die Regeln des Völkerrechts gehalten hat, ist die Regierung der Vereinigten Staaten von Amerika von anfänglichen Neutralitätsbrüchen endlich zu offenen Kriegshandlungen gegen Deutschland übergegangen. Sie hat damit praktisch den Kriegszustand geschaffen. Die Reichsregierung hebt deshalb die diplomatischen Beziehungen zu den Vereinigten Staaten von Amerika auf und erklärt, dass sich unter diesen durch den Präsidenten Roosevelt *veranlassten* [Hervorhebung der Autorin] Umständen auch Deutschland von heute ab [als] im Kriegszustand mit den Vereinigten Staaten von Amerika befindlich betrachtet.«

Die verbissensten Kriegshetzer gaben sich demnach den Anschein von Unschuldslämmern und wälzten die gesamte Verantwortung für den Krieg auf den Feind ab. Meistens gelang es ihnen auch, der Bevölkerung ihres jeweiligen Landes (und sich selbst womöglich nicht weniger) glaubhaft einzureden, dass sie aus Notwehr zum Handeln gezwungen seien.

Dabei möchte ich nocheinmal betonen, dass es mir keineswegs darum geht, Angreifer und Angegriffene auf eine Ebene

23 Rede Hitlers, zitiert in Max Domarus, *Hitler*, a.a.O, Band vier, 1941–1945, S. 1809.

zu stellen. Ich möchte nur zeigen, dass in den Lagern der verschiedenen Kriegsparteien stets dieselbe Sprache gesprochen wird. Im Moment des eigentlichen Kriegsausbruchs ist es meist unmöglich festzustellen, welche Seite die Kriegshandlungen tatsächlich ausgelöst hat, denn zu diesem Zeitpunkt stehen weder alle zur Beurteilung wichtigen Quellen noch die Archive der gegnerischen Partei zur Verfügung.

Das zweite Prinzip der Kriegspropaganda wurde nach dem Zweiten Weltkrieg natürlich noch etliche Male benutzt. Hier einige Beispiele:

Das Bild von der feindlichen »Schlange«, die »unser unglückliches Land umzingelt«, wurde während des Kalten Krieges von der amerikanischen Propaganda häufig verwendet. Zur Illustration eigens entworfene Karten sollten den amerikanischen Bürgern »beweisen«, dass die USA von kommunistischen Feinden eingekreist waren. Somit rechtfertigten diese Karten die Schaffung eines Kriegszustandes, der, natürlich, rein »defensiv« war. Auf der anderen Seite gelang es auch der UdSSR, sich als von den USA und ihren militärischen Verbündeten umzingelt darzustellen.[24]

Kürzlich schlug ein französischer Abgeordneter im Auftrag der parlamentarischen Verteidigungskommission vor, dass Frankreich sich aus *Verteidigungsgründen* ernsthafter mit der Erforschung bakteriologischer und chemischer Kriegsführung beschäftigen solle, um *gewappnet zu sein* gegen den Bioterrorismus, den Saddam Hussein, Nordkorea, Lybien oder der Iran mit Einverständnis Russlands *auslösen* könnten [Hervorhebungen der Autorin]. Natürlich erwähnte er mit keinem Wort, dass der Westen auf diesem Gebiet schon lange aktiv ist, er behauptete sogar, die Länder des

24 So z.B. Gérard Chalian und Jean-Pierre Rageau, *Atlas stratégique-géopolitique des rapports de force dans le monde*, Ed. Complexe, 1988, S. 12 und 44.

Westens seien im Gegenteil »bemüht, jegliche Aktivität auf diesem Gebiet inklusive Forschungsprojekte zu beenden.«[25]

Im Krieg der NATO gegen Jugoslawien im Jahre 1999 wurde in der Propaganda der europäischen Regierungen ebenfalls immer wieder das Argument herangezogen, Europa sei *verpflichtet*, sich diesem Krieg anzuschließen. Das Argument der *Pflicht* zum Mitmachen war deshalb so wichtig, weil sich die Regierungen der Unterstützung durch die öffentliche Meinung in ihren Ländern nicht sicher sein konnten, denn kein europäisches Parlament war im Vorfeld zu Rate gezogen worden, obwohl das die Verfassung mehrerer Staaten vorschreibt. Als etwa Christian Lambert, der Kabinettschef des belgischen Verteidigungsministers, von Studenten gefragt wurde, warum Belgien sich an den Bombardierungen gegen Jugoslawien beteilige, gab er die Auskunft, Belgien sei durch seine Mitgliedschaft in der NATO dazu *verpflichtet*.[26] Eine in diesem Moment geradezu klassische Reaktion, die aber nicht der Realität entsprach.

Die europäischen Länder wären zwar beim *Angriff* auf einen NATO-Staat tatsächlich zum Eingreifen verpflichtet, doch das war beim Krieg gegen Jugoslawien keineswegs der Fall. Eine serbische Aggression gegen einen NATO-Mitgliedstaat hatte nicht stattgefunden. Die Militäraktion der NATO gegen einen souveränen Staat war weder durch ein UNO-Mandat legitimiert, noch war die Zustimmung der Parlamente der an der Militäroperation beteiligten Länder eingeholt worden.[27]

---

25 Artikel von Pierre Lellouche, »Au danger nucléaire succède la menace bactérioloqigue et chimique, le fléau du XXIe. Siècle. Enquête en Russie. Les savants fous de la guerre biologique«, in: *Paris-Match*, 20. Juli 2000, S. 103–107.

26 Politikwissenschaftliches Seminar der U.L.B., 30. November 1999 (»Questions politiques et administratives belges«).

27 Artikel 35 der französischen Verfassung z. B. lautet: »Eine Kriegserklärung bedarf der Zustimmung des Parlaments.«

Gerade bei diesem Krieg wurde das Prinizp des »anderen, der angefangen hat« durch die westliche Propaganda in breitem Umfang verwendet, und zwar in einer besonderen Form, die bereits Arthur Ponsonby aufgefallen war: Weil der Feind unsere Stärke verachtet und unterschätzt, können wir uns nicht länger abwartend verhalten, sondern sind gezwungen, ihm unsere Macht zu demonstrieren.

Dieses Argument war vorher schon mit aller Deutlichkeit gegen Saddam Hussein ins Feld geführt worden: 1990 hatte dieser die internationale Gemeinschaft *herausgefordert* (das Wort verlangt natürlich nach einer Analyse!) indem er in Kuweit *einmarschierte* (oder, je nach Sichtweise, Kuweit dem Irak zurückgab!). Als die französische Tageszeitung *Le Soir* am 2. August 2000 an den zehnten Jahrestag dieses Ereignisses erinnerte, das Anfang 1991 den ersten Golfkrieg ausgelöst hatte, war auf der Titelseite zu lesen: »Am 2. August 1990 *forderte* Saddam in Kuweit die Welt *heraus*«.

Auf die gleiche Art behauptete die westliche Propaganda 1999, Jugoslawien habe die NATO *herausgefordert* und sie dazu gezwungen, mit militärischer Gewalt zu reagieren. Am 18. Januar 1999 schrieb *Le Soir*: »Jugoslawien hat die NATO mit unglaublichem Zynismus herausgefordert: Wird die weltweit größte Armee *ihre abwartende Haltung* noch lange rechtfertigen können?« Und *Le Monde* titelte am 6. und 7. August 2000: »Die neuen *Provokationen* [Hervorhebung der Autorin] des Slobodan Milosevic«.

Die NATO behauptete damals, auf eine serbische Kampagne »ethnischer Säuberungen« gegen Kosovo-Albaner reagieren zu müssen. Rückblickend jedoch bestätigen internationale OSZE-Gutachten interne Dokumente der deutschen Bundesregierung: Als die NATO am 24. März Jugoslawien zu bombardieren begann, reagierte Belgrad mit einer systematischen Kampagne von Gewalt gegen die albanische Mehrheit im Kosovo. Vor diesem 24. März hatten sporadisch

Ausschreitungen der Polizei gegen die Albaner im Kosovo stattgefunden, bei denen man jedoch keineswegs von »ethnischen Säuberungen« sprechen konnte.[28] Um jedoch die Bevölkerungen im Westen von der Rechtmäßigkeit des militärischen Vorgehens gegen Jugoslawien zu überzeugen, brauchte man das Argument eines Gegenschlags.

Dem Feind also, festgemacht in der Person des feindlichen Staatsführers, sollte die gesamte Kriegsschuld angelastet werden.

Schuld am Krieg ist Saddam Hussein, »der verbrecherische Diktator [...] der das Scheitern der Verhandlungen in Djeddah selbst *herbeigeführt* hat, [...] indem er internationales Recht gebrochen und provoziert hat.«[29] Schuld am Krieg ist Slobodan Milosevic, der überdies in seiner Kompromisslosigkeit die westlichen *Friedensvorschläge* in Rambouillet abgelehnt hat.[30] *Le Vif-L'Express* titelte am 7. Mai 1999: »Dem Diktator von Belgrad kommt eine erdrückende *Verantwortung* zu für das Elend des serbischen und albanischen Volkes«.

Auch auf die jüngsten Konflikte nach dem 11. September 2001 lässt sich dieses Propagandaprinzip anwenden. Diese Kriege waren ebenfalls auf beiden Seiten von Kampagnen begleitet, in denen betont wurde, dass die jeweils andere Seite den Krieg bewusst herbeigeführt habe. So versicherte zum Beispiel Colin Powell während des zweiten Irakkrieges: »Wir Amerikaner

---

28 Noch 14 Tage vor dem Krieg hielt ein offizieller Bericht des deutschen Außenministers Joschka Fischer fest, dass es gegen die Albaner als Volksgruppe keine ethnische Verfolgung gebe. Es handle sich lediglich um die Konfrontation zweier Armeen.

29 In einem Artikel von Jean-Paul Collette in *Le Soir* vom 2. August 2000 heißt es: »Vor genau zehn Jahren verletzte der Irak mit seinem Einmarsch in Kuweit internationales Recht.«

30 Wer die Vorschläge, die Jugoslawien in Rambouillet unterbreitet wurden, gelesen hatte – allerdings wurden sie erst nach Kriegsausbruch publik gemacht –, wusste, dass diese Vorschläge für Jugoslawien nicht akzeptabel waren, vor allem weil sie die militärische Besatzung des Landes durch NATO-Streitkräfte vorsahen.

sind nicht kriegslüstern. Einen Krieg zu führen, widerstrebt uns zutiefst.«[31] Und Tony Blair argumentierte: »Wir haben diesen Krieg nicht gewollt. Doch durch seine Weigerung, die Produktion seiner Massenvernichtungswaffen aufzugeben, lässt uns Saddam keine andere Wahl als zu handeln.«[32]

Wenn ein Angriff wie eine »Antwort« aussehen soll, muss der Feind uns »provoziert« haben. Schon ein banaler Vorwand oder ein Ereignis ohne wirklichen Bezug zum Konflikt kann als Anlass zur Kriegserklärung fungieren. Eine Woche vor der Bombardierung Afghanistans titelte *Le Soir*: »Die Taliban und Bin Laden fordern die Vereinigten Staaten heraus«[33], was unweigerlich den Gedanken an »Erwiderung« aufkommen lässt, Erwiderung auf den Angriff gegen das World Trade Center, auch wenn unklar ist, inwiefern die »Befreiung« Kabuls (oder später Bagdads) weitere Attentate wie das in New York, Bali oder Mombasa verhindern sollte. Um einen militärischen »Gegenschlag« rechtfertigen zu können, wurde ein Terrorakt kurzerhand zum Kriegsakt erklärt. So gesehen kam der Angriff auf das WTC einer Kriegserklärung gleich. Und um den zweiten Irakkrieg rechtfertigen zu können, benutzte man als Vorwand die Nachricht – die sich später als falsch herausstellte –, dass der Irak in Niger angereichertes Uran bestellt habe. Man brauchte den »Beweis«, dass die nukleare Bedrohung von Seiten Iraks eine reale Gefahr darstellt.[34] Der Aggressor konnte seinen Angriff somit als legitime Notwehr rechtfertigen.

Selbst der einseitige Angriff auf Basra im Süden Iraks im März 2003 wurde im britischen Radiosender *Sky News*

---

31 In *La Libre Belgique* am 4. April 2003 abgedrucktes Interview.

32 Vom ehemaligen irakischen Staatsfernsehen gesendete Botschaft Tony Blairs an das irakische Volk, am 11. April 2003 in *Le Figaro* abgedruckt.

33 *Le Soir*, 1. Oktober 2002.

34 Der Generaldirektor der internationalen Atomenergiebehörde kam schon im März 2003 zu der Erkenntnis, dass es sich bei den Dokumenten um Fälschungen handelte (*La Libre Belgique*, 11. März 2003).

mit dem Satz kommentiert: »Unsere Artillerie hat zum *Gegenschlag* ausgeholt« [Hervorhebung der Autorin]. Unter Bezug auf militärische Quellen hatte *Sky News* dieser Ankündigung Informationen vorausgeschickt (die natürlich später dementiert werden mussten), in denen es hieß, dass »ein Volksaufstand ausgebrochen ist, der von der irakischen Artillerie niedergeschlagen wurde.«[35] Die Koalitionstruppen hätten damit also einfach nur eine ganz legitime Revolte unterstützt. Darüber hinaus ist ein Angriff manchmal unvermeidlich, wenn es gilt, die drohende Verletzung des eigenen Territoriums zu verhindern.

Während des Kriegs zwischen der Ukraine und Russland ist es das Gleiche. Für den Westen liegt die ganze Schuld an der Entfesselung des Konflikts auf russischer Seite. Sie sind es, die den Krieg im Jahre 2022 angefangen haben. Aber die Russen versichern, dass sie nur auf die ständigen Bombardements reagieren, mit denen die Ukrainer die russischsprachigen Gebiete seit 2014 überziehen. Machiavelli (1469–1527) hatte dazu bereits die richtigen Worte gefunden: »Nicht derjenige, der als erster zu den Waffen gegriffen hat, ist für den Krieg verantwortlich, sondern derjenige, der einen Grund für den Waffengang geliefert hat«[36].

Kriege brechen also aus, weil Milosevic, Bin Laden, Putin oder Saddam Hussein sie bewusst herbeigeführt und provoziert haben. Letzterer ist für die Medien inzwischen nur noch kurz und bündig »Saddam«, ein Name wie ein Slogan.

Dass der Regierungschef des feindlichen Lagers so stilisiert wird, ist kein Zufall. Denn das dritte von Ponsonby herausgearbeitete Prinzip unterstreicht die Notwendigkeit, den Feind zu personifizieren. Und das geht am besten mit dem Führer des feindlichen Lagers.

---

35 *Le Soir*, 27. März 2003.

36 Niccolò Machiavelli: *Geschichte von Florenz*, Siebtes Buch, Kapitel 16.

3.
Der Feind hat dämonische Züge (oder: »Der Teufel vom Dienst«)

Für eine Gruppe von Menschen in ihrer Gesamtheit kann man nicht wirklich Haß empfinden, selbst wenn sie immer wieder als »der Feind« präsentiert wird. Viel effizienter ist es, negative Gefühle auf den Führer des feindlichen Landes zu konzentrieren. Mit ihm erhält der Feind ein Gesicht, und zwar eins, das natürlich hassenswerte Züge trägt. Kriege werden demnach weniger gegen die »Boches« oder die »Japsen« geführt, sondern vielmehr gegen Napoleon, gegen den Kaiser, gegen Mussolini, Hitler, Nasser, Gaddhafi, Khomeini, Saddam Hussein oder Milosevic.

Die verhasste Fratze des gegnerischen Führers macht es leicht, individuelle Unterschiede innerhalb des von ihm regierten Volkes einzuebnen, wo der einfache Bürger sonst zu leicht sein Alter ego finden könnte.

Wenn man den Feind schwächen will, dann muss man zunächst seinen Führer als unfähig darstellen und seine Vertrauenswürdigkeit und Integrität in Zweifel ziehen. Eine einfache Methode besteht darin, bei der Erwähnung feindlicher Staatsführer die Bezeichnungen »Präsident« oder »General« in Anführungsstriche zu setzen, was die Rechtmäßigkeit ihrer Funktion sofort schmälert: »Präsident« Karadjic, »General« Mladic.

Dann darf keine Chance verpasst werden, dem feindlichen Führer dämonische Züge zu verleihen, ihn als Schandfleck darzustellen, den es auszumerzen gilt, als letzten Dinosaurier, Verrückten, Barbaren, als durchtriebenen Kriminellen, Schlächter, Unruhestifter, Feind des Menschengeschlechts,

Monster. Als Monster, von dem alles Übel seinen Ausgang genommen hat. Damit besteht das Ziel des Krieges darin, dieses Monster gefangen zu nehmen, was wiederum die sofortige Rückkehr von Moral und Zivilisation nach sich ziehen würde.

Auch wenn uns diese Schilderung des Feindes zuweilen gerechtfertigt erscheinen mag, sollte man nicht vergessen, dass dieses Monster vor dem Konflikt häufig ein gern gesehener Gesprächspartner war, den man manchmal auch nach dem Krieg wieder umschmeichelt, gleichviel ob der Krieg mit Sieg oder Niederlage beendet wurde.

So stand zum Beispiel die österreichische Kaiserfamilie kurz vor dem Ersten Weltkrieg in bestem Einvernehmen mit der belgischen Königsfamilie[37] und der deutsche Kaiser wurde in Großbritannien überaus geschätzt. Nur wenige Monate vor Ausbruch des Krieges wurde Wilhelm II. von den *Evening News* (17. Oktober 1913) als perfekter Gentleman beschrieben: »Wir alle betrachten den Kaiser als äußerst ehrenhaften Gentleman, dessen Wort uns mehr bedeutet als die Tat manch eines anderen. Er ist uns ein hochwillkommener Gast, den wir mit Bedauern wieder abreisen sehen, ein Herrscher, dessen Ziele für sein Volk auf demselben Recht basieren wie unsere eigenen.«

Doch kaum war der Krieg ausgebrochen, hagelte es die absurdesten Kritiken sowohl am Kronprinzen (von dem es hieß, er sei ein Taschendieb und habe seinen Vater geohrfeigt) als auch am Kaiser, den man schnell als Irren, Mörder und Schlächter beschimpfte, wie der Brief von Sir W. B. Richmond zeigt, der in der *Daily Mail* vom 22. September 1914 abgedruckt wurde: »Wilhelm, der *Geisteskranke*, wird weder

37 Am Denkmal von Prinz Charles in Raversijde konnte man ein Foto sehen, das die belgische Königin Elisabeth 1913 vom österreichisch-ungarischen Kaiser Franz-Ferdinand und dem belgischen König Albert in den belgischen Dünen aufgenommen hatte.

England, noch das zivilisierte Europa, noch Asien erzittern lassen, auch wenn auf seinen Befehl hin die Kathedrale von Reims zerstört wurde. […] Dieser letzte Akt des *barbarischen* Führers wird uns nur enger zusammenrücken lassen, damit wir uns von einer *Geißel* befreien, wie sie die zivilisierte Welt noch nicht gesehen hat. […] Dieser *Verrückte* ist dabei, das Holz für seinen eigenen Scheiterhaufen zusammenzutragen. Das Monster wird uns jedoch keinen Schrecken einjagen können; denn wir beißen die Zähne zusammen im sicheren Wissen, dass, selbst wenn wir bis auf den letzten Mann sterben sollten, dieser moderne Judas samt seiner Teufelsbrut hinweggefegt wird. […] Um dieses gerechte Ziel zu erreichen, braucht es Geduld, harte Arbeit und Energie. […] Unser großes England wird sein Blut gerne vergießen, um die zivilisierte Welt von einem *kriminellen* Monarchen und seinem kriminellen Gefolge zu befreien, denen es gelungen ist, ein fügsames Volk in eine Bande Wilder zu verwandeln. […] Wie hat Sir James Crichton Dumfries zugerufen: ›Den Strick für den Kaiser‹; ihn zu erschießen würde bedeuten, ihm den ehrenhaften Tod eines Soldaten zu gewähren. Die einzig mögliche Strafe für diesen Verbrecher ist der Galgen [Hervorhebungen der Autorin].«

Und in *The Times* vom 15. Mai 1915 konnte man lesen: »Wie Lord Robert Cecil festgestellt hat, sind die Führer Deutschlands die wahrhaft Schuldigen an den von den Deutschen begangenen schrecklichen Verbrechen, den wiederholten Gesetzesbrüchen und Verletzungen aller Sitten des zivilisierten Krieges, das heißt der Kaiser und seine unmittelbaren Berater, und auf sie müssen wir im Rahmen des Möglichen unseren Zorn und unsere Strafe konzentrieren.«[38] Zur Untermauerung seiner Forderung nach Ausschluss des Kaisers aus dem Hosenbandorden beteuerte ein Leitartikel des *Daily Express*: »Städte wurden in Brand gesteckt, Greise und

38 Zitat von Arthur Ponsonby.

Kinder ermordet, Frauen und junge Mädchen vergewaltigt, harmlose Fischer sind auf Befehl dieses gekrönten *Verbrechers* ertrunken [Hervorhebung der Autorin]. Er wird sich ›an jenem großen Tag, an dem über die ganze Welt gerichtet wird‹, für die Opfer der ›Falaba‹ und der ›Lusitania‹ verantworten müssen.«[39]

Als gegen Ende des Krieges der amerikanische Präsident Wilson das deutsche Volk aufrief, sich seiner Regierung zu entledigen, wenn es wolle, dass der Krieg ein Ende hat, floh der Kaiser in die Niederlande. Die Alliierten verlangten nach dem Krieg offiziell seine Auslieferung, doch die Holländer lehnten ab. Woraufhin die Alliierten vorgaben, sich der holländischen Weigerung zu beugen, aber nur mit Mühe ihre Erleichterung über diese Ablehnung verbergen konnten.

In Artikel 227 des Versailler Vertrags war stipuliert, dass der ehemalige deutsche Kaiser Wilhelm II. von Hohenzollern »wegen schwerster Verletzung der internationalen Moral und der Heiligkeit der Verträge«[40] öffentlich angeklagt werden solle. Doch die Alliierten besaßen die Klugheit, darauf zu verzichten, denn ein Prozess hätte nur die Haltlosigkeit der »Beweise« seiner Schuld offenbart. Als eines der »überzeugendsten Beweisstücke«, dass der Kaiser persönlich die Verantwortung für die Verbrechen der deutschen Armee trüge, galt ein Brief, den Wilhelm II. in den ersten Kriegstagen angeblich an den österreichischen Kaiser geschrieben hatte: »Auch wenn es mir das Herz zerreißt, werden wir alles

---

39 Diese Beispiele zum britischen Meinungswandel über den deutschen Kaiser stammen aus dem Buch von Arthur Ponsonby. Der amerikanische Dampfer *Lusitania* wurde von den Deutschen versenkt, wobei die meisten Passagiere ertranken. Die Alliierten beteuerten, es habe sich um ein einfaches Zivilschiff gehandelt, doch im Nachhinein stellte sich heraus, dass das Schiff registriert war als Kreuzer mit Kriegsmaterial an Bord und neben den zivilen Passagieren 4.700 Kisten Munition geladen hatte. Aus deutscher Sicht handelte es sich keineswegs um einen Akt der Piraterie: die Alliierten hatten die zivilen Passagiere als »menschliche Schutzschilde« missbraucht.

40 Martens, a.a.O.

in Schutt und Asche legen, Männern und Kindern, Frauen und Greisen die Kehle durchschneiden müssen, kein Baum, kein Haus soll verschont werden! Nur mit Terrormethoden wie diesen wird es uns gelingen, ein so entartetes Volk wie das französische zu schlagen, nur so wird der Krieg noch vor Ablauf von zwei Monaten beendet sein. Wenn ich jedoch humanitäre Rücksichten nehmen muss, wird er sich jahrelang hinziehen.« Dieses »Dokument«, das zweifellos den Schluss zuließe, der Kaiser persönlich sei schuld am Ausbruch des Krieges gewesen, wurde durch die Professoren Larnaude (allgemeines öffentliches Recht) und de Lapradelle (Menschenrechte) von der juristischen Fakultät der Universität Paris präsentiert. Die Professoren gaben als Quelle lediglich an, dass dieser Brief in Nummer 138 des von Monseigneur Charmetant herausgegebenen *Bulletin de l'oeuvre des écoles d'Orient* veröffentlicht worden sei. Niemand jedoch konnte genauere Details über die Quelle dieser Veröffentlichung in Erfahrung bringen.

Woher hatten die Herren Professoren diesen Brief? Wo und wann war er geschrieben worden? Wo befand sich das Original? Welchen Beweis gab es für seine Authentizität? Obwohl diese Fragen sich sofort aufdrängen, wurde dieses Schreiben – dessen Existenz formell im *Berliner Tageblatt* vom 22. November 1921 dementiert wurde und das sehr wahrscheinlich apokryph ist – in der französischen Presse endlos zitiert als *der* definitive Beweis für die persönliche Kriegsschuld des Kaisers.

Nach dem Krieg waren diese schrecklichen Anschuldigungen über die unheilvolle Rolle, die der Kaiser persönlich gespielt haben sollte, schnell vergessen. Auch erhielt dieser »Verbrecher«, dem man im Krieg den Beinamen »Attila« verpasst hatte, von den Alliierten die Erlaubnis, seine Tage friedlich in Holland zu beenden. Das Monster hatte sich wieder zum Alter ego der anderen Staatschefs gewandelt, ähnlich wie später die anderen Monster »auf Zeit« wie Yassir Arafat, der lange von den westlichen Medien diabolisiert worden war (als Mörder oder Terrorist), bevor westliche Staatschefs und selbst der Papst ihn als achtbaren Gesprächspartner wieder freundschaftlich empfingen und Toasts auf ihn ausbrachten.

Es gilt also, den Führer des gegnerischen Lagers, gleichviel wie unmenschlich er sich tatsächlich verhält, als grausam, monströs oder geistesgestört darzustellen. Dass Hitler mehr als beunruhigende psychologische Züge offenbarte, stimmt zweifellos. Im Juni 1940 aber brachten die Alliierten einen kleinen Trickfilm in Umlauf, der bei der Unterzeichnung der französischen Kapitulation in Compiègne gedreht worden war und der Hitler als einen geistig Verwirrten zeigt. Die wenigen Aufnahmen, auf denen er lächelnd und selbstzufrieden die Hacken zusammenschlägt und dabei ein Knie hebt, wurden mehrfach hintereinandergeschnitten, um die Illusion zu erzeugen, er führe einen Freudentanz auf! Dieses hitlersche »Tänzchen« sollte in den nicht besetzten alliierten Staaten, in denen der Film gezeigt wurde, den Eindruck erwecken, als sei der deutsche Führer in Wirklichkeit ein gestörter Hampelmann, den man ruhig stellen müsse.

Seit dem Zweiten Weltkrieg gilt Hitler als die Inkarnation des Bösen schlechthin. Jedem Regierungschef des feindlichen Lagers wird daher sogleich unterstellt, sein direkter Erbe oder Doppelgänger zu sein – zumindest solange der Konflikt andauert, denn die Propaganda kreiert immer wieder kleine Hitlers, die vor dem Konflikt als ehrenhaft galten und dann zuweilen rehablilitiert werden, kaum dass der Krieg zu Ende ist. Beispiele sind Stalin, Mao, Kim Il Sung oder Ceaucescu. Von ihnen gibt es Fotos, die sie immerhin in so ehrenwerter Gesellschaft zeigen wie dem belgischen König Baudouin, Charles de Gaulle, dem amerikanischen Präsidenten Nixon.

Auch in jüngster Zeit wurde kein »Teufel vom Dienst« mit diesem Vergleich verschont.

Im ersten Golfkrieg wurde Saddam Hussein, der vorher noch als unser bester »säkularer« Verbündeter gegen den Iran der Ayatollahs galt, sogar in Bezug auf sein Äußeres mit dem Nazidiktator verglichen. Das amerikanische Wochenmagazin *Newsweek* etwa retouchierte ein Bild Husseins, verkürzte seinen Schnurrbar, um ihn auf dem Titelblatt als Hitlers Doppelgänger zu präsentieren. Das Cover der Wochenzeitschrift *Vif-L'Express* vom 14. Februar 1991 zeigte den finsteren Iraker in ebenso beängstigender Weise vor schwarzem Hintergrund und beschrieb sein Programm wie folgt: »Was Saddam noch im Schilde führt: nuklearisieren, destabilisieren, überfallen, terrorisieren, opfern, [...]?«

Genauso verfuhr man mit Milosevic. Das italienische Magazin *L'Espresso* bildete ihn am 9. April 1999 auf dem Titelblatt ab und bezeichnete ihn als »Hitlerosevic«, die eine Hälfte seines Gesichts trug die Züge Hitlers, die andere die Milosevics. Auch *Le Vif-L'Express* veröffentlichte am 2. April 1999, zu Beginn der Bombardierungen Jugoslawiens, ein sehr düsteres Titelblatt, das auf der linken Seite die Hälfte des Gesichts von Milosevic zeigte und auf der rechten die Worte: »Der schreckliche Milosevic«. Im Innenteil dieses Wochenmagazins erfahren wir, untermauert von düsteren und verstörenden Fotos des jugoslawischen Präsidenten, dass Milosevics »Möglichkeiten, Schreckliches anzurichten, noch lange nicht erschöpft sind«.

Der Mann, der drei Jahre zuvor in Paris bei den Bosnien-Friedensverhandlungen[41] mit Chirac und Clinton sein Glas erhoben hatte, war nun ein Neurotiker, dessen beide Eltern sowie ein Onkel mütterlicherseits Selbstmord begangen hatten, was ohne Zweifel auf eine erbliche psychische

41 Die entsprechenden Verträge wurden am 14. Dezember 1995 von Tudjman und Izetbegovic unterzeichnet.

Labilität schließen lässt. *Le Vif-L'Express* zitierte keine einzige Rede, kein einziges Dokument des »Tyrannen von Belgrad«[42], sondern hob seine angeblichen anomalen Stimmungsumschwünge, seine krankhaften und brutalen Wutausbrüche hervor: »Wenn er wütend war, verzerrte sich sein Gesicht. Und im nächsten Moment schon war er wieder völlig beherrscht.«

In *Le Monde* vom 8. April 1999 werden wir darüber aufgeklärt, dass der Bruder von Milosevic ein Zigarettenschmuggler ist, seine Ehefrau ein Emporkömmling, krankhaft ehrgeizig und sehr labil, eine Frau, deren psychische Probleme auf der Tatsache beruhen, dass sie erst spät von ihrem Vater anerkannt wurde.[43] Woraus *Le Vif* die Schlussfolgerung zieht: »Slobo und Mira sind kein Paar, sondern eine Verbrecherbande.« Ebenfalls in *Le Monde* rechtfertigte Pierre Hassner[44] die Bombardierungen Jugoslawiens mit dem Argument, dass sie »auf den primär Schuldigen am Elend Ex-Jugoslawiens abzielen – den letzten Tyrannen des Balkans – und ihn mit Wort und Tat als Gegner definieren.«

Die Technik der Diabolisierung des feindlichen Führers ist sehr effizient und wird sicherlich noch lange Anwendung finden. Bürger und Mediennutzer brauchen offensichtlich »Gute« und »Böse«, die sie klar identifizieren können. Am einfachsten wird diese Identifikation erreicht, indem man den jeweiligen »Teufel vom Dienst« als *neuen Hitler*

42 Einige dieser Reden predigen überraschenderweise im Gegensatz zu dem, was man im Westen behauptet, die Überwindung der Konflikte zwischen den einzelnen Volksgruppen und preisen Jugoslawien als multinationale Gemeinschaft.

43 Ihre Eltern hatten in Wirklichkeit während ihrer frühen Kindheit Sorgen ganz anderer Art, denn ihre Mutter, die im kommunistischen Widerstand engagiert war, wurde von Nazi-Anhängern gefoltert und dann hingerichtet.

44 *Le Monde* vom 27. März 1999, »Kosovo: en cas d'échec … « (»Kosovo im Fall des Scheiterns …«). Pierre Hassner ist Forschungsdirektor im Zentrum für internationale Studien und Forschungen (Ceri)

präsentiert. Wer es wagt, auch nur Zweifel an der Richtigkeit der Behauptung anzumelden, dass der jeweilige Gegner die Inkarnation des Bösen sei, oder sich gar erdreistet, ihn zu verteidigen, der wird sofort disqualifiziert.

Ohne jemals zu erklären, wer ihm diesen Spitznamen verliehen hat, verwendete die französische Tageszeitung *Libération* (17. Juli 2000) die Bezeichnung »Hitler« für den Anführer der Schwarzen, die in Zimbabwe Land besetzten und titelte: »Zimbabwe unter hitlerscher Durchhaltepolitik«. Dasselbe Blatt schrieb, dass »Chenjerai ›Hitler‹ Hunzvi« von einem Sondergericht für schuldig befunden worden sei, zu den illegalen Landbesetzungen angestiftet zu haben und fügt hinzu (26. April 2000): »Wie die BBC berichtet, sagt der ›nom de guerre‹ dieses Führers alles über seine Auffassung von Humanismus«. Auch *Vif-L'Express* ergriff für die weißen Bauern von Zimbabwe[45] Partei (die, was allzuoft vergessen wird, Großgrundbesitzer sind und britische Siedler, die sich weigern, die Nationalität des Landes anzunehmen) und gegen die Anhänger von Präsident Mugabe (die, auch dies wird nur zu gern vergessen, sehr arme Bauern sind). Um die Erhebung der schwarzen Bauern zu disqualifizieren, wurden in einem Artikel die lokalen Stammesfürsten angeprangert, vor allem aber die Galionsfigur der ehemaligen Kämpfer, Chenjerai Hunzvi. Der erhalte »seine Befehle direkt aus dem Präsidentenpalast, wo man ihn als Unruhestifter fürchtet.« Wer im Titel und in der Fotounterschrift als Chenjerai »Hitler« Hunzvi dämonisiert wird, für den und dessen Sache kann der Leser unmöglich Sympathie empfinden.

Auch im zweiten Irakkrieg wurde die Propaganda völlig auf Saddam Hussein ausgerichtet. Erneut war er der »Teufel vom Dienst«. Nicht selten titelten die Zeitungen

45 Artikel von Vincent Hugeux, »La terreur Mugabe«, *Le Vif-L'Express*, 4. Mai 2000.

in verschiedenen Varianten »USA gegen Saddam«[46]. Parisoula Lampsos, die sich als »Maîtresse en titre« des irakischen Präsidenten den Medien präsentierte, bezichtigte im Fernsehsender *ABC* ihren Geliebten, sadistisch zu sein und heuchlerisch, denn er trinke Whisky und werfe sich gleichzeitig in der Moschee auf die Knie.[47] In den 80er Jahren jedoch hatten die demokratischen Staaten, einschließlich der USA, Saddam Hussein – der damals derselbe Diktator war wie fünfzehn Jahre später – dabei geholfen, sich mit »Massenvernichtungswaffen« einzudecken und ihm Unterstützung in seinem Krieg gegen den Iran geboten. Ein Foto vom 20. Dezember 1989 zeigt Saddam Hussein, wie er Donald Rumsfeld, dem Sondergesandten von Präsident Reagan, in Bagdad herzlich die Hand schüttelt.[48]

Im Afghanistankrieg war Osama Bin Laden der »Teufel vom Dienst«. Offizielles Ziel dieses Kriegs war es, den Terroristen festzunehmen. Einst allerdings genoss er die Gunst der Amerikaner, Bin Ladens Familie hatte sogar zusammen mit der Familie Bush in der Ölindustrie investiert. Während der Bombardierungen Afghanistans jedoch wurde sein Porträt (in Anzug, Krawatte, kurz geschnittenen Haaren und sauber rasiert, um den Eindruck zu erwecken, als habe er seine Sache feige aufgegeben) auf einem Flugblatt abgeworfen mit der Empfehlung an die Bevölkerung, diesem Mann in keiner Weise Hilfe zukommen zu lassen.[49]

Die »Teufel vom Dienst« sind Legion. Belgische Politiker beweihräucherten zu ihren Glanzzeiten mal Todor Schiwkow (Guy Spitaels schrieb ein lobendes Vorwort zu seinen unvergänglichen Werken), mal Nicolai Ceaucescu (im Fall

---

46 Titel eines Artikels aus *USA Today* vom 2. Oktober 2002.

47 Ich hatte die Gelegenheit, diesen Auftritt im französischen Fernsehen in der Sendung *Arrêt sur image* zu kommentieren.

48 Foto aus dem *National Security Archive*.

49 *Le Monde* vom 14. Januar 2002.

von Willy De Clercq), bevor sie sich bei deren Sturz der Meute anschlossen. Madeleine Albright begrüßte den Einzug der Taliban in Kabul, bevor sie sich dafür engagierte, sie zu beseitigen.

Doch die »Teufel vom Dienst« können nach dem Konflikt durchaus wieder voll gesellschaftsfähig werden. So zum Beispiel der Informationsminister Saddam Husseins, Mohammad Said al-Sahaf, den man im Westen wegen seiner Pressepointen belächelte, in denen er wider alles bessere Wissen den amerikanischen Vormarsch im Irak leugnete, und der als der größte Verfälscher und Lügner des Regimes galt. Im Juni 2003 wurde er von den Amerikanern verhaftet, verhört, nach ein paar Stunden aber wieder freigelassen, wonach er eine Beschäftigung als Kommentator und Analysator beim Fernsehen fand.[50] Den Söhnen Saddam Husseins, die wie er diabolisiert wurden, sollte nicht das gleiche Glück widerfahren wie dem Informationsminister.[51]

Putin ist vom Casting der westlichen Medien als »Monster« ausgewählt worden. Vergessen sind die Zeiten, da der russische Präsident den französischen Präsidenten Emmanuel Macron im Louijniki-Stadion von Moskau herzlich empfing, nachdem die Franzosen 2018 die Fußball-Weltmeisterschaft gewonnen hatten. Vergessen sind die Blumen, die er im Sommer 2021 einer sichtlich bewegten Angela Merkel überreichte. Putin, umbenannt in »Der sowjetische Zar« (Bernard-Henri Lévy in *Le Point* vom 17. März 2022) oder gar »Hundesohn« (ebd.), wird nun mit Stalin gleichgesetzt. Er ist paranoid und ein Megalomane. Es langt nicht mehr,

---

50 Für den Sender *al-Arabiya* (*Le Figaro* vom 28./29. Juni 2003).

51 Ihre Dämonisierung belegt ein Artikel des *Figaro* (3. April 2003) mit dem Titel *Les héritiers du Mal* (Die Erben des Bösen), in dem vor allem Udai beschuldigt wird, *um die Ehre seiner Mutter zu rächen* mit Stockschlägen den Mann getötet zu haben, der Saddam Hussein seine spätere Mätresse vorstellte. Das dazugehörige Foto, das von Udai in aller Welt verbreitet wurde, zeigt ihn – welch Zufall! – beim Rauchen einer langen Zigarre.

ihn nur als blutrünstig und verrückt zu bezeichnen, er ist offensichtlich schwer krank. Die *Voix du Nord* informiert uns darüber, dass »Der Präsident gegen Typhus behandelt wird. Seine aufgedunsene Erscheinung erklärt sich durch die Einnahme von Steroiden. Außerdem hat er alternative Heilmethoden ausprobiert. So nimmt er in einer sibirischen Klinik Bäder in Hirschblut, wie es ihm sein Verteidigungsminister Sergei Schoigu empfohlen hat.[52]

Wenn die gegnerischen Führer alle verrückt sind, sollten wir vielleicht nicht vergessen, unser eigenes Führungspersonal derselben psychologischen Analyse zu unterziehen, solange sie noch im Amt sind. Sigmund Freud hat die Demenz des amerikanischen Präsidenten Woodrow Wilson (Präsident der Vereinigten Staaten von 1913 bis 1921) genauestens untersucht, aber dieses erschreckende Porträt kam ans Licht der Öffentlichkeit erst im Jahre … 1966.[53]

52 *La Voix du Nord*, 4. April 2022.

53 *Le Figaro* vom 17. März 2022 anlässlich des Erscheinens des Buches von Patrick Weil, *Le Président, est-il devenu fou?*, Paris: Grasset 2022.

4.
Wir kämpfen für eine gute Sache und nicht für eigennützige Ziele

Triebfeder des Krieges ist in der Regel der Wille zur geopolitischen Vorherrschaft verbunden mit ökonomischen Interessen. Für die öffentliche Meinung darf das jedoch nicht transparent gemacht werden.

Nun können moderne Kriege, im Gegensatz etwa zu den Kriegen Ludwigs XIV., nur mit Zustimmung der Bevölkerung geführt werden – und sei es, weil die Parlamente wenigstens im Prinzip für eine Kriegserklärung votieren müssen.[54] Die Zustimmung ist leicht zu bekommen, wenn das Volk glaubt, dass von diesem Krieg seine Unabhängigkeit, seine Ehre, seine Freiheit, vielleicht gar sein Leben abhängt, und dass der Krieg die Durchsetzung unanfechtbarer Werte befördert. Die Propaganda muss daher bestimmte Triebfedern des Kriegs für das Volk unkenntlich, andere hingegen glaubhaft machen.

Die Motive der kriegführenden Mächte im Ersten Weltkrieg lassen sich folgendermaßen zusammenfassen:

- Frankreich erhoffte sich von einem Sieg über Deutschland die Wiederherstellung seiner Grenzen aus dem Zweiten Kaiserreich;
- Russland strebte nach Hegemonie auf dem Balkan und eventuell auch die Herrschaft über Konstantinopel;
- England wollte seine Vorherrschaft als wichtigste Kolonial- und Seemacht aufrechterhalten und den deutschen Aufstieg auf dem Kontinent stoppen;

---

54 Selbst wenn man manchmal, wie beim NATO-Krieg gegen Jugoslawien, über diese von der Verfassung vorgesehene »Formalität« hinwegging, wie z. B. in Frankreich.

- Deutschland wollte sich Bodenschätze aus den Kolonien sichern, den Export eigener Wirtschaftsgüter ankurbeln, das englische Seemonopol brechen, das seine Pläne durchkreuzte, sowie die französisch-englische Umzingelung aufbrechen und die Einheit der Nation festigen;
- die Vereinigten Staaten erhofften sich in Europa lukrative Geschäfte und waren erpicht darauf, im Konzert der großen Nationen künftig eine wichtige politische Rolle zu spielen[55] (was ihnen ja auch gelang).

In den offiziellen Verlautbarungen sucht man diese Motive jedoch vergeblich. Nie geht es den Kontrahenten darum, Bergbaugebiete, Provinzen (mit Ausnahme von »Symbolen« wie Elsass-Lothringen) oder Kolonien zu gewinnen, nie darum, sich als der Stärkere behaupten zu wollen. Weil vermutlich die Mehrheit der Bürger nicht bereit wäre, für solche Motive zu töten oder getötet zu werden, führen die Kriegsparteien lieber hochtrabende moralische Ideale ins Feld, die dem Krieg den Stempel eines Kreuzzugs aufdrücken. Die Bevölkerung muss daher davon überzeugt werden, dass ihre Regierung – im Gegensatz zu der des Feindes – den Krieg ausschließlich für eine gute Sache führt.

Wie Arthur Ponsonby schon in Bezug auf den Ersten Weltkrieg festgestellt hatte, waren in den offiziellen Verlautbarungen der kriegführenden Parteien geopolitische oder ökonomische Kriegsziele kein Thema. Am 5. September 1919 gestand jedoch der amerikanische Präsident Wilson in einer Rede ein, dass wirtschaftliche Motive bei dem ein knappes Jahr zuvor beendeten Krieg sehr wohl eine Rolle gespielt hatten: »Jeder Mann, jede Frau – ja, jedes Kind – ist sich doch

55 Die Alliierten hatten sich bei den USA während des Ersten Weltkriegs elf Milliarden Dollar geliehen, wofür die USA nach dem Krieg selbstverständlich entschädigt werden wollten. Seltsamerweise entsprachen die von den Alliierten von Deutschland geforderten Reparationen genau dieser Summe!

darüber im Klaren, dass moderne Kriege durch die Rivalität von Handel und Industrie bedingt sind [...]. Dieser Krieg war ein Industrie- und Handelskrieg.« Dank ihrer Beteiligung an diesem Konflikt erlebten die Vereinigten Staaten nicht nur einen beispiellosen wirtschaftlichen Aufschwung, sondern betraten darüber hinaus als politische Supermacht die internationale Bühne.

Die offiziellen Kriegsziele der Alliierten im Ersten Weltkrieg lassen sich in drei Punkten zusammenfassen:

- den Militarismus auslöschen;
- kleine Nationen verteidigen;
- Demokratie in der Welt durchsetzen.

Diese ausgesprochen ehrenhaften Ziele werden seitdem am Vorabend jedes Konflikts propagiert und gleichen einander bis in die Formulierungen hinein, auch wenn sie nur wenig oder überhaupt nichts mit den wirklichen Kriegsgründen zu tun haben.

Schon im Ersten Weltkrieg waren diese drei Ziele für den aufmerksamen Beobachter wenig glaubhaft. Denn in puncto »Militarismus« eiferten vor dem Krieg alle Konfliktparteien miteinander um die Wette, und wenn der Krieg nun endlich dem preußischen Militarismus den Garaus machen sollte, so wundert es doch, dass *nach* dem Krieg die Militärausgaben der Alliierten nicht sanken, sondern im Gegenteil noch erhöht wurden. Dennoch hat der schöne Spruch »wir führen Krieg zur Wiederherstellung des Friedens« auch seither eine erfolgreiche Karriere durchlaufen.

Was das Motiv *Verteidigung kleiner unterdrückter Nationen* betrifft, so muss man pikanterweise darauf hinweisen, dass die streng geheimen französisch-russischen Abkommen (die später durch die Sowjetregierung veröffentlicht wurden) ohne Rücksicht auf völkerrechtliche Grundlagen vorsahen, die Kriegsbeute zu teilen. Die französische Regierung zum

Beispiel akzeptierte, dass im Fall eines französisch-russischen Sieges über Deutschland Russland weiterhin über Polen bestimmen dürfe, wenn Russland seinerseits bereit wäre hinzunehmen, dass Frankreich sich an Deutschland bedient.

Auch das dritte Motiv *Durchsetzung der Demokratie* ist als wirkliches Kriegsziel der Alliierten des Ersten Weltkrieges unglaubwürdig. Allein schon die Anwesenheit des zaristischen, autokratisch regierten Russland im alliierten Lager sprach nämlich der Behauptung Hohn, dieses Lager würde »Demokratien« gegen autokratische Regimes vereinen. Außerdem war nicht ersichtlich, weshalb Deutschland mit seinem ordnungsgemäß gewählten Reichstag »autokratischer« sein sollte als England.

Dasselbe trifft natürlich auch auf den ersten Golfkrieg zu, wo die westlichen Streitkräfte Kuweit zu Hilfe kamen, das heißt einem Land, in dem Demokratie ein Fremdwort ist, wo die Mehrheit der Bevölkerung keine Bürgerrechte besitzt und die Menschenrechte, vor allem die Rechte von Frauen, fast täglich mit Füßen getreten werden. Hauptsächlich wurde im ersten Golfkrieg das zweifellos ehrenhafte Motiv bemüht, einem kleinen Land zu helfen, das überfallen worden war. Dieselbe Rechtfertigung wurde im Ersten Weltkrieg durch die britische und amerikanische Regierung vorgebracht, um die Stimmung in der jeweiligen Bevölkerung zu beeinflussen, deren Länder ja selbst nicht angegriffen worden waren. Man müsse dem »mutigen kleinen Belgien« zu Hilfe eilen, dessen Leid, Martyrium und Flüchtlingselend durch die alliierte Propaganda bis zum Überdruss geschildert wurden.

Auch von deutscher Seite wurden natürlich überaus ehrenhafte Motive vorgeschoben. So beteuerte am 19. August 1915 der Reichskanzler im Reichstag, Deutschland habe niemals nach der Vorherrschaft in Europa gestrebt. Deutschlands ganzer Ehrgeiz bestehe darin, sich im friedlichen Wettstreit der großen und kleinen Nationen zu behaupten, mit

Blick auf das allgemeine Wohlergehen des Landes und der gesamten Zivilisation.

Offiziell ging es den Alliierten des Ersten Weltkriegs auch nicht darum, ihr jeweiliges Territorium zu erweitern (außer vielleicht Frankreich, das nie verheimlichte, Elsass-Lothringen zurückhaben zu wollen). Wie durch ein Wunder wurden dann aber bei den Friedensverhandlungen Großbritannien (in Form von Kolonie, Mandat, Dominion, Protektorat oder ähnliches) folgende Gebiete zugestanden:

- Ägypten;
- Zypern;
- ein Mandat über Südwestafrika (via die Südafrikanische Union);
- ein Mandat über Deutsch-Ostafrika;
- die Hälfte von Togo und Kamerun;
- Samoa (via Neuseeland);
- das deutsche Neuguinea und die Inseln südlich des Äquators;
- das Mandat über Palästina;
- das Mandat über das Gebiet des heutigen Irak.

Während des Krieges hatten die Engländer auf diese »Geschenke« offiziell nie Anspruch erhoben, denn sie hatten ja nur für Menschen- und Völkerrechte, Demokratie und gegen Imperialismus und Militarismus gekämpft.

Dieses schon klassische Vorgehen hatte bereits Emile Zola (1840–1902) erkannt, als er in *Sidoine et Médéric* einer seiner Figuren folgende programmatische Worte in den Mund legte, die diese den »Kollegen Regierenden« auf ironische Weise empfahl: »Gründe für Kriege zu erfinden, wird zunehmend schwierig [...]. Nach langem Überlegen kam mir ein wunderbarer Gedanke. Dass wir uns nämlich immer für die anderen schlagen sollten, nie für uns selbst [...]. Bedenken Sie nur, wie viel Ehre uns solche Feldzüge einbringen werden.

Wir werden uns den Titel ›Wohltäter der Völker‹ zueignen, lautstark unsere Selbstlosigkeit verkünden, uns bescheiden als Verfechter einer guten Sache darstellen, als bescheidene Ausführer großer Ideen [...]. Unsere glühende Bereitschaft, mit unserer Armee denen zu helfen, die unserer Hilfe bedürfen, beruht auf dem großmütigen Wunsch, die Welt zu befrieden, sie mit dem Schwert zu befrieden. Unsere Soldaten werden als Zivilisatoren durch die Welt wandeln und allen die Kehle durchschneiden, die sich nicht schnell genug zivilisieren lassen.« Die Zola'sche Empfehlung scheint seither von zahlreichen Staatsführern beherzigt worden zu sein, denn 1938 spielte selbst Nazideutschland paradoxerweise auf der »humanitären« Saite, um zu begründen, weshalb man die deutsche Minderheit der Sudetendeutschen aus der Tschechoslowakei heim ins Reich holen müsse.

Auf alliierter Seite wurde immer behauptet, die arroganten Deutschen hätten damals in München die Abtretung des Sudetenlandes an Deutschland verlangt. Doch das Thema Böhmen und Sudetenland wurde von den Deutschen und Österreichern damals keineswegs als imperialistische Anmaßung gesehen, sondern vielmehr als gerechte Rückkehr einer deutschstämmigen Volksgruppe betrachtet, die ihrer ursprünglichen Heimat entrissen worden war. Die »Rückkehr« des deutschen Böhmen und des Sudetenlandes war in der Zwischenkriegszeit gewissermaßen das deutsche oder österreichische Pendant zur »Rückkehr« von Elsass-Lothringen, was für die französische Propaganda von 1870 bis 1914 ein populäres Thema war. 1919 waren Böhmen und das Sudetenland, ungeachtet heftiger Proteste von Seiten der verfassunggebenden österreichischen Nationalversammlung, Österreich weggenommen worden. Die deutschstämmige Bevölkerung, die 1919 der Tschechoslowakei einverleibt wurde, hatte darauf mit Demonstrationen reagiert, die durch die tschechoslowakische Regierung aber mit aller Härte niedergeschlagen wurden.

Der Vertrag von Saint-Germain, der am 10. September 1919 unterzeichnet wurde, sah in Abschnitt V verschiedene Maßnahmen zum Schutz dieser Minderheiten vor, bezogen vor allem auf die Bewahrung ihrer eigenen Sprache, das Schulwesen und ihre Rechte als Staatsbürger.[56] Dennoch ging die Tschechoslowakei schnell zu einer diskriminierenden Behandlung dieser Bevölkerungsgruppe über. Die Zeitungen der deutschen Minderheit wurden streng kontrolliert, ihre karitativen Organisationen Zwängen unterworfen und die Ländereien der Deutschen in der Tschechoslowakei hatten am härtesten unter den Agrarreformen zu leiden. Fügt man zu dieser Aufzählung die mangelnde Vertretung Sudetendeutscher in der tschechischen Verwaltung hinzu – obwohl Eduard Benesch versprochen hatte, dass alle Ämter allen Bürgern gleichermaßen zugänglich sein würden –, so bot die Existenz dieser Bürger zweiter Klasse der deutschen oder österreichischen Propaganda die wunderbare Gelegenheit, sich für eine unbestreitbar ehrenhafte Sache einzusetzen: Hilfe für eine unterdrückte Minderheit, eine kleine, zu Unrecht verfolgte Volksgruppe.

Die sudetendeutsche Frage lieferte so den Vorwand, um der Tschechoslowakei gleichsam als Vorspiel für die kriminellen Pläne Hitlers mit einer deutschen Militärintervention drohen zu können, so wie die elsässische Frage immer ein bequemer Vorwand für Drohungen von Seiten Frankreichs

---

56 Es handelt sich um die Artikel 7 (Abschnitte 1, 3 und 4) und 8 (Abschnitt 2). In Artikel 1 verpflichteten sich die Unterzeichnerstaaten (also auch die Tschechoslowakei), dass diese Garantien durch kein nationales Gesetz oder nationale Verfügung in Frage gestellt würde. Auch der Vertrag von Saint-Germain, ein Friedensvertrag, der mit Österreich am 10. September 1919 unterzeichnet wurde, geht darauf ein, siehe Staatsgesetzblatt Nr. 303/1920, *Texte zur österreichischen Verfassungs-Geschichte,* Geyer-Edition, Wien, 1970. Ebenso betrifft der Vertrag von Versailles in den Artikeln 81 und 86 die Tschechoslowakei, indem er den in der Tschechoslowakei wohnhaften Deutschen untersagt, ihre deutsche Staatsangehörigkeit weiter zu behalten, sonst würden sie des Landes verwiesen.

dargestellt hatte. Die Frage der deutschen Minderheiten in Polen sollte kurz danach beim deutschen Feldzug gegen Polen ebenfalls als Vorwand dienen.

Wenn man sich die diplomatischen Dokumente von 1938 bis 1939 anschaut (zum Beispiel den Bericht des französischen Botschafters in Berlin vom 17. und 18. August 1939), wird klar, welch zentrale Bedeutung dieses Argument damals in den Reden der Politiker und in der deutschen Presse einnahm. »Den deutschen Minderheiten in Polen zu Hilfe eilen« war das Lieblingsthema der deutschen Propaganda, die genüsslich Details über alle Formen schlechter Behandlung ausbreitete, denen die Deutschen in Polen ausgesetzt waren. Wie zuvor schon in der Tschechoslowakei, sei jetzt auch in Polen die »Jagd auf Deutsche« eröffnet worden. Es gebe Verhaftungen in unzähligen Fällen und Zigtausende von Menschen seien gezwungen, in Deutschland Zuflucht zu suchen, in Auffanglagern, die in Dresden und in Schlesien mit großem Getöse eingerichtet worden waren. Dabei ist es gut möglich, dass einige dieser »Verfolgungen« in Wirklichkeit durch Naziagenten selbst provoziert wurden, die zum Beispiel gezielt Anschläge auf deutsche Landgüter verübten, um sie dann dem »polnischen Terrorismus«, deren Opfer die Gutsbesitzer geworden waren, in die Schuhe zu schieben. Das vermuteten jedenfalls französische Diplomaten, die im Terror gegen die deutschen Minderheiten nur ein weiteres Element deutscher Propaganda sahen, um gegenüber der deutschen und internationalen Öffentlichkeit eine Militärintervention in Polen zu rechtfertigen.

Der französische Botschafter in Berlin betonte gegenüber seinem Außenminister die Notwendigkeit, diese Propaganda durch Gegeninformation zu bekämpfen. »Diese Gegenaktion müsste relativ einfach sein, wenn, wie mir der polnische Botschafter bestätigt, 95 Prozent der in der deutschen Presse zitierten Fakten zur Rechtfertigung eines deutschen Feldzuges tatsächlich übertrieben, entstellt oder sogar schlichtweg erfunden sind.« Worauf der Botschafter als Beispiel die Schlagzeile deutscher Zeitungen vom 15. August 1939 zitierte: »Abscheulicher polnischer Mord, deutscher Ingenieur umgebracht« – dabei handelte es sich in Wirklichkeit um ein Verbrechen aus Leidenschaft, das ohne erkennbares politisches Motiv und außerdem bereits am 15. Juni stattgefunden hatte!

Doch gleichviel, die Frage der »verfolgten« deutschen Minderheiten in Polen, denen man helfen müsse, sollte im weiteren Verlauf der Ereignisse kurz vor der Invasion Polens ein zentrales Thema der Nazipropaganda darstellen, auch wenn es sich um Verleumdungen handelte, die von den polnischen Behörden jeweils umgehend dementiert wurden. Radio und Presse in Deutschland griffen dieses Thema täglich auf, Hitler, v. Ribbentrop und die deutschen Botschafter im Ausland wiederholten es immer und immer wieder.

In einem Gespräch mit dem französischen Botschafter in Berlin am 25. August 1939 versicherte Hitler: »Ich hatte zunächst der Reichspresse verordnet, nichts über die Misshandlungen zu veröffentlichen, welche Deutsche in Polen erleiden. Aber die augenblickliche Situation übersteigt jedes Maß des Erträglichen. Wissen Sie, dass es Fälle von Kastration gegeben hat? Dass sich in unseren Auffanglagern mehr als 70.000 Flüchtlinge befinden? Erst gestern wurden in Bielitz sieben Deutsche von der polnischen Polizei umgebracht [...]. Kein Land, das auf sich hält, würde sich ähnliche Affronts gefallen lassen.« Bei dieser Gelegenheit kommt es zum üblichen Zahlenwirrwarr. Der französische Botschafter sprach von 741.000 Deutschen in Polen. In einem Brief an Chamberlain vom 24. August 1939 schrieb Hitler von »Scheußlichkeiten«, die die Polen »an der deutschen Minderheit von eineinhalb Millionen Einwohnern« begingen. In seiner Antwort vom 27. August an Daladier zeichnete der deutsche Reichskanzler ein Bild von Terror und Schrecken, »dem fast zwei Millionen Menschen« an seinen eigenen Grenzen ausgesetzt seien.

Aus deutscher Sicht hatte der Krieg demnach »humanitäre« Ziele, die in alliierten Ohren wahrscheinlich ziemlich überraschend klingen: die Wiedergutmachung eines Unrechts, das die Engländer und Franzosen aufrechterhalten wollen, die Beendigung des Terrors gegen eine unschuldige Minderheit und die Hilfeleistung für eine kleine unterdrückte Volksgruppe sowie die Verteidigung der Freiheit Deutschlands. Hinter diesen noblen Motiven verbargen sich natürlich eine Reihe anderer: wirtschaftliche[57] und geopolitische Interessen zum Beispiel wurden offiziell nie erwähnt – doch bei vielen anderen Konflikten, die mit ehrenhaften Motiven ummäntelt werden, verhält es sich nicht anders.

Der Cocktail, den ich gerade in Bezug auf die Nazipropaganda der Zwischenkriegszeit beschrieben habe (wirtschaftliche oder geopolitische Erwägungen bleiben unerwähnt; humanitäre Motive, Hilfe für ein kleines unterdrücktes Volk wird ins Zentrum gerückt), findet sich wieder in den Begründungen der Vereinigten Staaten, um vor der amerikanischen öffentlichen Meinung in beiden Weltkriegen ihre Intervention zu rechtfertigen. Offiziell war in den USA nur die Rede von dem kleinen gedemütigten Belgien und seinen Flüchtlingen (Erster Weltkrieg) sowie der Verteidigung von Freiheit, Menschenrechten und Demokratie.[58] In Wirklichkeit aber gingen die amerikanischen Interventionen in beiden europäischen

---

57 In Bezug auf Danzig hob man zum Beispiel – ein ganz großer Ausnahmefall – die hochwichtige Bedeutung des Hafens für Getreideexporte aus Polen hervor.

58 Zu den wirtschaftlichen (von der Propaganda verschwiegenen) Kriegsmotiven im Zweiten Weltkrieg sind mehrere Beispiele zu finden in: Jacques Pauwels, *Der Mythos vom guten Krieg*, PapyRossa-Verlag, Köln 2001.

Kriegen mit enormen wirtschaftlichen, geostrategischen und politischen Interessen einher.

Der Übergang der USA von Neutralität zur aktiven Beteiligung am Zweiten Weltkrieg hatte natürlich politische Motive. Präsident Roosevelt war ernsthaft besorgt, das liberale System könnte bedroht sein. Eine Angst, die auch ein ökonomisches Pendant hatte (die Infragestellung des amerikanischen Wirtschaftssystems, Stützpfeiler der Identität des Landes), und so kündete sich schon mit der so genannten Pepper-Motion an, dass die USA ihre Neutralität aufgeben würden. Nach der Invasion im Mai 1940 schlug Pepper vor, »den Alliierten nicht gebrauchtes amerikanisches Kriegsmaterial zu verkaufen.«[59] Der Vorschlag wurde zwar von der außenpolitischen Kommission des amerikanischen Senats zwei Mal abgewiesen, von Präsident Roosevelt jedoch wieder aufgenommen.[60] Daraufhin kurbelten die USA ihre Waffenproduktion an und formulierten ihr Programm aus Pacht und Anleihe für die europäischen Länder, die bereit waren, ihnen Garantien anzubieten.[61] Offiziell blieben die USA dennoch erst einmal neutral, denn verkauft wurden die Waffen an Privatfirmen (»United States Steel«), die als Vermittler zwischen England und Frankreich fungierten. Großbritannien, das damals noch über ein Empire herrschte, konnte den USA ebenso wie Belgien und die Niederlande so viele Rohstoffe und damit Garantien liefern, dass all diese Länder in den Genuss amerikanischer Unterstützung kamen. Die üblichen ökonomischen Motive spielten also bei diesem Krieg eine Rolle, die in den offiziellen Verlautbarungen jedoch nur sehr selten zur Sprache kamen.

---

59 Vgl. Pierre Monniot, a.a.O., S. 116–121.

60 Kongressbotschaft vom August 1940, am 3. September veröffentlicht, über den »Transfer« von fünfzig amerikanischen »veralteten« Zerstörern nach Großbritannien; vgl. *America Chooses!*, a.a.O., S. 28 f.

61 Über dieses Leih-Pacht-System, vgl. Edward Reilly Stettinius, *Welt in Abwehr: Leih-Pacht*, List Verlag, Leipzig-München 1946.

Dieselben Strategien wurden auch im ersten Golfkrieg und im Krieg gegen Jugoslawien angewandt. Die Hauptziele des ersten Golfkrieges waren: politische Gefügigkeit des Landes und Kontrolle seiner Erdölressourcen. Vorwand für den Angriff auf den Irak war jedoch der Spruch, man müsse einem kleinen Land – Kuweit – zu Hilfe kommen, das zu Unrecht vom Irak besetzt worden war. Solidarität mit einem kleinen, leidenden Land ist immer eine wunderbare Sache, und die so genannte Einmischung aus »humanitären Gründen« macht es der stärkeren Partei leicht, sich mit dem besten aller moralischen Alibis in die Politik der schwächeren Seite einzumischen.

Die USA hatten zuvor in kleinen lateinamerikanischen Ländern Militäroperationen mit der Behauptung durchgeführt, diese Länder würden gemeinsame Sache mit Drogenkriminellen machen. Eine dieser Aktionen, die gegen Panama 1989, war von außergewöhnlicher Brutalität – sie kostete mindestens 2000 Menschen das Leben – und trug auch noch den Namen »Gerechte Sache«. Was gibt es in der Tat Schöneres, als das dringliche Drogenproblem in Angriff zu nehmen und unsere Feinde dabei auch noch als Urheber dieses Problemes darstellen zu können![62]

Im Krieg der NATO gegen Jugoslawien tat sich zwischen offiziellen und uneingestandenen Kriegszielen dieselbe Kluft auf. Offiziell hatte die NATO in Jugoslawien eingegriffen, um den multiethnischen Charakter des Kosovo zu bewahren, um die Misshandlung von Minderheiten zu verhindern, um die Demokratie dort einzuführen und den herrschenden Diktator zu stürzen. Kurz, es ging darum, die geheiligte Sache der Menschenrechte zu verteidigen. Nach Kriegsende jedoch

62 Wenn hingegen Heroindealer unsere politischen Verbündeten sind, wie zum Beispiel Gruppen der albanischen U.C.K., so wird ihnen diese kleine Schwäche gern verziehen (interessant dazu der Artikel von Erich Inciyan in *Le Monde* vom 4. und 5. April 1999: »Les réseaux albanais de l'héroïne, la propagande de Belgrade contre l'U.C.K. et la réalité«).

stellte sich heraus, dass von diesen Zielen keines erreicht worden war, man von einer multiethnischen Gesellschaft vielmehr weit entfernt war und die tägliche Gewalt gegen Minderheiten – jetzt waren Serben sowie Sinti und Roma die Opfer[63] – weiter anhielt. Durchaus erfüllt worden waren jedoch die ökonomischen und geopolitischen Kriegsziele, von denen offiziell allerdings nie die Rede gewesen war.

So hat sich nach dem Krieg zum Beispiel der Einflussbereich der NATO in erheblichem Maße nach Südosteuropa erweitert, ohne dass dies jemals offiziell ein NATO-Ziel gewesen wäre. Das Atlantische Bündnis ist heute in Albanien, in Mazedonien und im Kosovo stationiert, alles Regionen, die sich bis dahin einer Stationierung widersetzt hatten. Außerdem sah sich Jugoslawien, das sich gegen eine reine Marktwirtschaft gesträubt hatte[64] und wo die Wirtschaft immer noch in großem Maße staatlich gelenkt war, auf wirtschaftlichem Gebiet in Rambouillet mit dem Vorschlag konfrontiert, dass die Wirtschaft des Kosovo »nach den Gesetzen des freien Marktes« organisiert werden müsse und »sich dem freien Kapitalverkehr auch auf internationaler Ebene« öffnen solle.

Ganz naiv könnte man sich fragen, was die Verteidigung von unterdrückten Minderheiten mit freiem Kapitalverkehr zu tun hat, doch die offiziellen Verlautbarungen verbergen offensichtlich ökonomische Ziele, die man nach außen nicht eingestehen kann. So haben zum Beispiel zwölf große amerikanische Firmen,[65] darunter Ford, General Motors und Honeywell, im Frühjahr 1999 den Gipfel zum 50. Geburtstag der NATO in Washington gesponsort. Völlig uneigennüt-

---

63 Nach Aussage von Jiri Dienstbier waren mehr als 300.000 von ihnen *nach* dem Krieg brutal aus ihren Provinzen vertrieben worden (siehe auch Fußnote 92 im Original).

64 Die jugoslawische Wirtschaft war bereits in großem Umfang eine Mischung aus staatlich gelenkter und Privatwirtschaft.

65 *Washington Post* vom 13. April 1999, zitiert in Michel Collon, *Monopoly – L'Otan à la conquête du monde*, EPO, 1999, S. 92.

zig, könnte man denken, wenn dahinter nicht eine Strategie von Geben und Nehmen stehen würde: Die Bomben, die die sozialistische Wirtschaft Jugoslawiens zerstörten, haben den Weg freigemacht für die Multinationalen Konzerne, die seit langem davon träumen, sich auf dem Balkan zu etablieren und dort Geschäfte zu machen. Von NATO-Sprecher Jamie Shea stammt übrigens die Einschätzung, dass die Kosten für die Militäraktion gegen Jugoslawien in großem Umfang aufgewogen würden durch die Gewinne, die von den Konzernen dort auf lange Sicht erzielt werden könnten.[66]

Schon am 3. September 1999 wurde jedenfalls im Kosovo die DM als offizielle Währung eingeführt. Die Automobilfabrik Zastava in Kragujac, die, wie ich im Mai 1999 mit eigenen Augen sehen konnte, durch den NATO-Angriff vom 9. April zerstört worden war, wurde schon im Juli desselben Jahres von Daewoo übernommen.[67] Der Satiriker Cavanna hat diese Ereignisse in *Charlie Hebdo* am 2. Juni 1999 wunderbar auf den Punkt gebracht: Der Krieg ist dann zu Ende, »wenn die Waffenhändler ihre Quote erreicht haben und die Betonhändler meinen, es wäre jetzt an der Zeit, dass sie die Bühne betreten.«

Die wirklichen Kriegsziele waren gewiss komplexer Natur. Wirtschaftliche Motive werden nie offen eingestanden, doch sie sind nicht die einzigen. Die Absicht der USA, zusammen mit den Verbündeten ihre Macht zu demonstrieren und ihren geopolitischen Einflussbereich nach Südosteuropa zu erweitern, hat wahrscheinlich ebenfalls eine entscheidende Rolle gespielt. Aufgrund unseres aktuellen Kenntnisstands jedenfalls ist es schwierig, die Intervention der NATO in Jugoslawien rational zu begründen und zu beurteilen, was

66 Dies erklärte Shea in der Sendung »Argent public« auf France 2, Sonntag, 2. Mai 1999, zitiert in Serge Halimi, *L'Opinion ça se travaille*, a.a.O., S. 68.

67 Siehe *Le Monde* vom 20. Juli 1999, »L'usine automobile Zastava intéresse Daewoo«.

wirklich der entscheidende Auslöser war. Eines Tages werden uns die amerikanischen Archive vielleicht Aufschluss über die wirklichen Motive des Krieges der NATO gegen Jugoslawien geben und vielleicht stellt sich dann heraus, dass auf amerikanischer Seite die Angst vor einem »faulen Apfel«, d.h. vor einem kleinen, ungebändigten Land (wie zuvor Nicaragua oder Vietnam) eine große Rolle spielte, einem Quertreiber, der durch sein »schlechtes Vorbild« andere Länder infizieren und sie zur Aufsässigkeit verleiten könnte. Sicher ist, dass die Motive weder humanitärer noch altruistischer Natur waren, dennoch musste man das zu Beginn der Kampfhandlungen gegenüber der noch zaudernden öffentlichen Meinung ins Feld führen.

So war auch der Krieg gegen Afghanistan offiziell von der »freien Welt« begonnen worden, um Bin Ladin gefangen zu nehmen, dem Terrorismus Einhalt zu gebieten, in Afghanistan die Demokratie einzuführen und die afghanischen Frauen zu befreien. Der Philosoph Guy Haarscher rechtfertigte den Krieg gegen Afghanistan nicht nur, sondern sprach sogar von der »Pflicht«, ihn zu führen, »um unschuldige Menschen zu schützen, die das terroristische Netzwerk Al Qaida potentiell in Gefahr bringt.«[68] Damit wären die Kriegsmotive also humanitärer Natur und ausgesprochen ehrenhaft gewesen, selbst wenn zwei Jahre später keines der Kriegsziele erreicht worden war.

Der Krieg gegen den Irak 2003 hatte angeblich zum Ziel, die Iraker von ihrem Tyrannen zu befreien. Tony Blair hat dies in die Worte gefasst: »Unsere Armee kommt als Freund und Befreier des irakischen Volkes.«[69] Dennoch waren die Iraker, denen die Koalitionstruppen doch nur helfen wollten, nicht sehr empfänglich für diese Inszenierungen ihrer »Befreiung«, anders lassen sich ihre feindseligen Aktionen gegen

68 *Le Soir*, 25. Februar 2002.

69 Erklärung im irakischen Fernsehen (*Le Figaro*, 11. April 2003).

die anglo-amerikanischen Soldaten nicht erklären. Und von Demokratie scheint man im Irak noch weit entfernt zu sein. Nichtsdestoweniger sollten die Bezeichnungen der jüngsten NATO-Operationen – die wie Musik in unseren Ohren klingen – von der Reinheit der Absichten der Koalitionstruppen zeugen: »Gerechte Sache« rivalisiert mit »Wüstensturm«, »essential harvest«, »unendliche Gerechtigkeit« oder »unveränderliche Freiheit«.

Wenn wir uns nun nocheinmal dem russisch-ukrainischen Konflikt zuwenden, finden wir unendlich viele Beispiele. Die ökonomischen und geostrategischen Interessen, die die Russen dazu geführt haben, den Konflikt zu entfesseln, werden im Westen immer wieder hervorgehoben, die ökonomischen und geostrategischen Interessen des Westens aber verschwiegen. Lieber wird die Beteiligung der Nato mit moralischen Beweggründen begründet: Unsere Unterstützung der Ukraine verdankt sich unseren Werten, unserer Liebe zur Demokratie, dem Selbstbestimmungsrecht der Völker (nicht aber, wenn sie sich für eine Verbindung mit Russland entscheiden würden) und der Freiheit. Das Vorrücken der Nato in Richtung russische Grenzen oder die Interessen der militärisch-industriellen Lobbies am Verkauf von Rüstungsgütern in die Ukraine werden hingegen selten erwähnt. Unsere Milliardäre werden nie als »Oligarchen« bezeichnet, dieser abwertende Begriff bleibt den russischen Milliardären vorbehalten. Auch die amerikanischen Interessen im Energiesektor werden in der Debatte ausgeklammert. Da macht es auch nichts, dass in *Alternatives économiques* zu lesen ist: »Um seine Abhängigkeit vom russischen Gas zu senken, importiert Europa mehr amerikanisches Gas, vor allem teures Schiefergas.« Offiziell kämpft die ukrainische Regierung mit Unterstützung der Nato für die Demokratie, unterdrückt gleichzeitig aber die Oppositionsparteien, steckt einige ihrer Granden ins Gefängnis und bekämpft die Gewerkschaften.

Russland wiederum kämpft für die Entnazifizierung der Ukraine, hat bei sich aber längst ein autoritäres Regime etabliert.

Für die Propaganda ist der Imperialismus immer auf der anderen Seite. Die Vereinigten Staaten beschuldigen China, imperialistische und bellizistische Ziele zu verfolgen. China hingegen beruft sich darauf, dass es selbst nur eine Militärbasis im Ausland unterhalte, die USA hingegen 725, dass die chinesischen Militärausgaben 141 Dollar pro Kopf und Jahr betragen, die der USA hingegen 2187.

Offenbar will es die Natur des Menschen, dass jede Konfliktpartei sich so darstellt, als kämpfe sie einzig und allein für das Gemeinwohl.

Schon Voltaire (1694–1778) stellte sich vor, wie auf Befehl des Geistes Ituriel der Skythe Babouc sich zunächst ins Lager der Inder und danach in das der Perser begab, »die einander seit Jahren aus einem lächerlichen Grunde bekriegen, wobei jede Seite beteuert, nur das Glück der Menschheit im Sinne zu haben. Nicht nur unsere Satrapen wissen genau, weshalb man einander die Kehle durchschneidet [...]. Morde, Feuersbrünste, Ruinen, Verheerungen zuhauf, die Welt leidet und dennoch wird verbissen weiter gekämpft. Unser Premierminister beteuert ebenso wie der indische immer wieder, es gehe ihm nur um das Wohl des Menschengeschlechtes; und während sie dies beteuern, werden erneut Städte zerstört und Provinzen verwüstet.«[70] Selbst die niederträchtigsten Menschen gestehen mithin nur selten ein, egoistische oder schändliche Motive zu verfolgen. Auch sie beteuern im Gegenteil so lange ihre guten Absichten, ihre altruistischen Ziele, bis sie schließlich selbst daran glauben, um ein positives Selbstbild aufrechtzuerhalten. So versuchten die Conquistadores ja nur Seelen für das Christentum zu

70 In *Le Monde comme il va, vision de Babouc*, in: *Œuvres complètes de Voltaire*, Band VIII, Paris 1876, S. 317.

gewinnen, die chilenischen Folterer kämpften nur gegen den Marxismus.

Nachdem man sich diese Motive selbst eingeredet hat, gilt es, die öffentliche Meinung von der noblen Sache zu überzeugen. Man macht ihr klar, dass man sich gegen »Banditen«, »Kriminelle«, »Mörder« wehren müsse. Und damit haben wir ein weiteres Prinzip der Kriegspropaganda: den Krieg darzustellen als Konflikt zwischen Zivilisation und Barbarei. Dazu muss man vorab der Bevölkerung glaubhaft versichern, dass der Feind systematisch und aus freien Stücken Greueltaten begeht, während die »Fehler« im eigenen Lager nur zufällig und völlig unabsichtlich passieren.

Mit diesem fünften Prinzip der Kriegspropaganda wollen wir uns im nächsten Kapitel beschäftigen.

5.
Der Feind begeht mit Absicht Grausamkeiten. Wenn uns Fehler unterlaufen, dann nur versehentlich

Berichte über Gausamkeiten des Feindes sind noch immer ein wesentliches Element der Kriesgpropaganda. Was natürlich nicht heißen soll, dass während eines Krieges nicht tatsächlich Greueltaten begangen würden. Ganz im Gegenteil: Morde, bewaffnete Raubüberfälle, Brände, Plünderungen und Vergewaltigungen scheinen vielmehr – leider – in allen Kriegssituationen an der Tagesordnung zu sein und von allen Armeen, von der Antike bis hin zu den Kriegen des 21. Jahrhunderts, praktiziert zu werden. Ein kürzlich erschienenes Buch eines amerikanischen Professors schätzt, dass amerikanische GI's im Zweiten Weltkrieg rund 17.000 englische, französische und deutsche Frauen aller Altersgruppen vergewaltigt haben.[71]

Kennzeichnend für die Kriegspropaganda ist jedoch, dass sie den Eindruck erwecken will, allein der Feind begehe solche Taten, während die eigene Armee nur im Dienst der Bevölkerung, ja sogar der Bevölkerung des Feindes handle und von dieser mit offenen Armen empfangen werde. Die extreme Form von Kriminalität, die im Krieg an der Tagesordnung ist, wird zum Kennzeichen allein der feindlichen Armee, die, so die Propaganda, hauptsächlich aus gewissen- und gesetzlosen Bestien bestehe.

Im Ersten Weltkrieg wurde diese Vorstellung in beiden Lagern weidlich ausgeschlachtet. Auf deutscher Seite wurde über die belgische und französische Zivilbevölkerung das

71 J. Robert Lilly, *La face cachée des G.I.'s*, Paris 2003.

Gerücht gestreut, mit Heckenschützen einen unfairen Krieg gegen die deutsche Armee zu führen. Arthur Ponsonby zitiert die von der deutschen Propaganda gezielt verbreitete Lüge, im Krankenhaus von Aachen sei ein Saal allein den deutschen Soldaten vorbehalten, denen man in Belgien die Augen ausgestochen hatte! Dann verbreiteten deutsche Zeitungen die Nachricht, ein französischer Arzt und zwei Offiziere hätten in Metz einen Brunnen mit Pest- und Cholerabazillen verseucht. Bald darauf brachte die von einem Militär geleitete deutsche Pressekonferenz das Gerücht in Umlauf, belgische Priester hielten hinter dem Altar Maschinengewehre versteckt und würden deutsche Soldaten erschießen oder ihnen die Finger abschneiden, an denen sie Ringe trugen, um sich diese danach wie eine Trophäe an einer Kette um den Hals zu legen, oder aber sie hätten den Deutschen Kaffee mit Strychnin vorgesetzt. Diese Gerüchte lösten bei den deutschen Truppen unbeschreibliche Panik aus: Ab sofort sahen sie in jedem belgischen oder französischen Bürger einen potentiellen Sadisten.

Es dauerte nicht lange, und auch die Alliierten taten sich mit Anschuldigungen gegen die deutsche Armee hervor. Aus heutiger Sicht[72] entstanden diese gegenseitigen Vorwürfe aus der Konfrontation eines Kollektivs mit der Realität des Krieges. Sie wurden von den Propagandabüros beider Lager bewusst in Umlauf gebracht und, was weit folgenreicher war, *für ihre Zwecke benutzt*. Wie es mit Legenden so ist, hatten sie nicht einmal einen indirekten Bezug zu den Ereignissen, sie sollten lediglich die hysterische Angst schüren, die sowohl Bürger als auch Soldaten in der angespannten Atmosphäre eines Krieges empfinden. Die offizielle Propaganda

---

72 Vgl. John Horne, *Les mains coupées: ›Atrocités allemandes‹ et opinion française en 1914, in: Guerre et cultures, 1914–1918*, Paris 1994, S. 133–146; und ebd. der Artikel von Alan Kramer: *Les atrocités allemandes: mythologie populaire, propagande et manipulations dans l'armée allemande.*

hatte diese ohnehin schon vorhandenen kollektiven Gefühle noch verstärkt. Dabei wäre es ein Leichtes gewesen, die Legenden zu relativieren beziehungsweise aus der Welt zu schaffen, wenn man sie nur mit Nachdruck dementiert hätte.

Auf alliierter Seite war das Thema »belgische Kinder mit abgehackten Händen« im Ersten Weltkrieg besonders erfolgreich, mit bedeutenden politischen Konsequenzen. John Horne hatte erkannt, dass dieses Gerücht aus der Luft gegriffen war und die Entstehung der Legende untersucht, die gegen Ende 1914 mit Zeitungsberichten von Verstümmelungen ihren Anfang nahm und 1915 in den konkreteren Vorwurf der »abgehackten Hände« mündete. Er sollte der öffentlichen Meinung die Quintessenz eines Konfliktes verdeutlichen, von dem man ahnte, dass er lang und grausam sein würde, und ihm die tiefe moralische Bedeutung vom manichäischen Kampf zwischen Zivilisation und Barbarei verleihen. Auch wenn Horne zufolge die ersten Reaktionen nicht Ergebnis einer bewusst inszenierten offiziellen Kampagne waren, quollen nach Streuung der Gerüchte über die Grausamkeiten die Straßen von Flüchtlingen über. Und obwohl rein militärisch gesehen dieser Exodus ein unheilvolles Chaos auslösen sollte, wurde das Thema der belgischen Flüchtlinge (und der deutschen Grausamkeiten) auf internationaler Ebene weiterhin dankbar ausgeschlachtet.

Nach dem Ersten Weltkrieg schrieb Lord Esher: »Die belgische Episode war ein Glücksfall, der sich genau zum richtigen Zeitpunkt ereignete, um unserem Kriegsbeitritt den moralischen Vorwand zu liefern, den es braucht, um die Einheit der Nation sowie die der Regierung sicherzustellen.«[73] Die Meldungen von belgischen Flüchtlingen und die erfundenen Geschichten von Kindern mit abgehackten Händen dienten auch den Vereinigten Staaten dazu, in der öffentlichen Mei-

---

73 *Tragedy of Lord Kitchener* (ca. 1920), zitiert in: Georges Demartial, a.a.O., S. 58.

nung das Pendel zugunsten einer Intervention ausschlagen zu lassen. Die belgische Historikerin Suzanne Tassier,[74] die in amerikanischen Archiven recherchiert hat, hebt hervor, wie wichtig das Bild des »poor little Belgium« damals für die amerikanische öffentliche Meinung war. Es habe die amerikanische Neutralität moralisch unmöglich gemacht und die USA dazu veranlasst, an der Seite der Alliierten zu intervenieren.

Die ersten Brüche im amerikanischen Isolationismus hatten sich schon 1915–1916 aufgetan, als die »Commission for relief in Belgium« bei der amerikanischen Bevölkerung mit ihrem Aufruf, für die Belgier, Opfer der deutschen Aggression, Geld, Kleidung und Lebensmittel zu spenden, starken Eindruck hinterließ.[75]

Die aufrüttelnden Berichte von belgischen Säuglingen mit abgehackten Händchen wurden auch von Emile Vandervelde und Jules Destrée bei ihrer Vortragsreise in Italien immer wieder benutzt, um die Italiener davon zu überzeugen, dass auch sie auf Seiten der Alliierten dem Krieg beitreten sollten. Francesco Saverio Nitti, während des Krieges italienischer Ministerpräsident und später Präsident des italienischen Parlaments, bestätigte in seinen Memoiren, wie groß der Einfluss dieser Berichte war: »Man hat uns von armen belgischen Kindern erzählt, denen die Hunnen die Hände abgehackt hatten. Nach dem Krieg schickte ein reicher Amerikaner, tief unter dem Eindruck der französischen Propaganda, einen Geheimboten nach Belgien mit dem Auftrag, sich um diese Kinder zu kümmern. […] Der Bote konnte jedoch

74 Suzanne Tassier: *La Belgique et l'entrée en guerre des Etats-Unis, 1914–1917*, Brüssel 1951.

75 Zum Beispiel wurde auf einem Plakat ein Boot mit Lebensmitteln wie Mehl und Kondensmilch beladen, das dann von kleinen belgischen Kindern in Empfang genommen wird. Ein anderes Plakat zeigte, wie sich ein Soldat mit Pickelhaube ein kleines Mädchen greift. Ziel war die vierte amerikanische Kriegsanleihe!

kein einziges dieser Kinder finden. Mr Lloyd George und ich selbst in meiner Eigenschaft als italienischer Regierungschef stellten daraufhin genaue Nachforschungen an, um die Wahrhaftigkeit dieser Berichte zu überprüfen, von denen manche sogar Namen und Orte nannten. Es stellte sich heraus, dass alle von uns untersuchten Fälle erfunden worden waren.«[76]

Angeblich hatten die Deutschen Krankenschwestern verstümmelt, die Körper Gefangener zerkleinert, um Schmierseife daraus zu machen, den Eingang zu den Kohlegruben zugeschüttet, um die darin eingeschlossenen Bergleute lebendig zu begraben, ferner hätten sie die Gesichter von Kriegsgefangenen mit dem deutschen Adler tätowiert oder ihnen die Zunge abgeschnitten. Außerdem, so schrieben die Zeitungen, würden die Deutschen bald vorsätzlich Krankenhäuser und ganz besonders Kirchen bombardieren. Ein deutscher Offizier, dem wie seiner gesamten »Rasse« der Ruf anhaftete, kulturlos zu sein (eine »Rasse«, die der Welt jedoch vor dem Krieg alljährlich eine Unmenge Wissenschaftler, Künstler und Philosophen beschert hatte), habe *Das letzte Abendmahl* von Dirk Bouts beim Brand von Löwen den Flammen übergeben – dabei hängt das Bild noch heute unbeschädigt in der Kirche St.-Pierre in Löwen. Das deutsche Monster schwang seine Fackel, um kunsthistorisch wertvolle Städte und Denkmäler in Schutt und Asche zu legen, erhob sein Glas gefüllt mit dem Blut von Säuglingen, denen man die Kehle durchgeschnitten hatte, und schnitt den Frauen entweder die Brüste ab oder vergewaltigte sie mit dämonischem Lachen.[77]

---

76 Francesco Saverio Nitti: *Scritti politici*, Bd. VI., *Rivelazioni*, Bari 1963.

77 Siehe z. B. das *Journal* vom 10. Dezember 1914, das in ein und demselben Bericht all diese Topoi versammelte. Beim Weggehen trank der deutsche Soldat, unter dröhnendem Gelächter seiner Kameraden, auch noch die Milch aus dem Fläschchen des Säuglings, dem er gerade die Kehle durchgeschnitten hatte.

Dabei waren die wirklichen Grausamkeiten, die dieser Krieg zu bieten hatte, schon schlimm genug (zum Beispiel das Schicksal der 5.500 Bürger, die man in Dinant, Tamines, Andenne, Rossignol und anderen belgischen Städten und Dörfern innerhalb von zwei Monaten unter dem Vorwand erschossen hatte, sie gehörten zu den Heckenschützen), doch es brauchte noch mehr »saftige« Details, um glaubhaft zu machen, dass in diesem Krieg einem Volk von Verbrechern eine Nation von Helden gegenüberstehe, die nichts als edelmütige Aktionen im Sinn hatten!

Laut Ponsonby wurde kolportiert, »dass dreißig oder fünfunddreißig deutsche Soldaten in das Haus von David Tordens eingedrungen seien, einem Fuhrmann in Semst [heute Zempst]. Sie fesselten den Mann, fünf oder sechs von ihnen stürzten sich vor seinen Augen auf seine dreizehnjährige Tochter und vergewaltigten sie, danach spießten sie sie auf ihren Bajonetten auf. Nach dieser furchtbaren Tat durchbohrten sie auch den neun Jahre alten Sohn des Fuhrmanns mit ihren Bajonetten und erschossen seine Frau. Der Mann selbst sei nur deshalb mit dem Leben davongekommen, weil gerade noch rechtzeitig belgische Soldaten eingetroffen seien. Darüberhinaus wurde behauptet, dass in Sempst sämtliche jungen Mädchen von den Deutschen vergewaltigt worden seien.« Der Gemeindesekretär Paul van Boekpoort sowie der Bürgermeister Peter van Asbroeck und dessen Sohn Louis sagten jedoch am 4. April 1915 in Sempst unter Eid aus, der Name David Tordens sei ihnen gänzlich unbekannt, kein Mann dieses Namens sei in Sempst vor dem Krieg wohnhaft gewesen und niemand im Dorf kenne einen David Tordens. Zudem sei während des Krieges in Sempst keine einzige Frau oder Mädchen unter vierzehn Jahren getötet worden, von einem solch grausamen Ereignis hätten sie mit Sicherheit erfahren.

In einem weiteren Zeitungsbericht hieß es, in Ternat hätten Deutsche einen Jungen nach dem Weg nach Thurt (?)

gefragt. Da der Junge sie nicht verstand, hätten sie ihm kurzerhand die Hände abgehackt. Der Bürgermeister von Ternat erklärte jedoch am 11. Februar 1915: »An dieser Geschichte ist nichts Wahres. Ich war seit Beginn des Krieges in Ternat, und es ist unmöglich, dass mir ein solcher Vorfall entgangen sein sollte; er ist reine Erfindung«.

Hauptmann F.W. Wilson, ehemals Verleger der *Sunday Times,* berichtete eindrucksvoll, wie er selbst eine solche Geschichte erfunden und ausgeschmückt hatte. Sein Bericht wurde in der *New York Times* veröffentlicht (und am 24. Februar 1922 vom *Crusader* erneut abgedruckt): »Als Korrespondent der Londoner *Daily Mail* hielt ich mich während des Krieges in Brüssel auf. Eines Tages erhielt ich telegrafisch Nachricht, man brauche Berichte von Greueltaten. Zu dieser Zeit gab es jedoch keine derartigen Vorkommnisse. Also telegrafierte man mir, ich solle über das Schicksal der belgischen Flüchtlinge berichten. Da sagte ich mir: ›Gut, das kann ich auch von hier aus tun.‹ In der Nähe von Brüssel gibt es eine kleine Stadt, in der man sehr gut essen konnte. Ich erfuhr, dass die Hunnen dort waren und ging davon aus, dass es in der Stadt auch einen Säugling geben müsse. Und so schrieb ich eine herzzerreißende Geschichte über ein Baby, das in Korbeek-Loo vor den Hunnen gerettet werden konnte, und zwar während die Häuser ringsherum lichterloh brannten. [...] Am Tag darauf telegrafierte man mir, ich möge dafür sorgen, dass das Baby geschickt würde, denn rund fünftausend Leute hätten sich brieflich angeboten, das Kleine zu adoptieren. Am übernächsten Tag wurde die Zeitungsredaktion mit Babykleidung überschwemmt. Selbst Königin Alexandra schickte ein Sympathietelegramm und ein paar Kleidungsstücke. Ich konnte ihnen doch nicht antworten, dass das Baby gar nicht existierte! Letzten Endes zog ich den Arzt ins Vertrauen, der sich in dem Ort um die Flüchtlinge kümmerte, und behauptete, das liebe Kleine sei an einer ansteckenden Krankheit gestorben und ihm sei nicht einmal ein öffentliches Begräbnis gewährt worden. [...] Lady Northcliffe organisierte daraufhin ein Wohltätigkeitsfest, bei dem die für dieses Kind gespendete Babykleidung verkauft oder versteigert wurde.«

Angeblich hatten die Deutschen auch einen kanadischen Soldaten gekreuzigt. Die Geschichte machte in der kanadischen Presse die Runde und Parlamentsmitglieder erwähnten sie bei ihrem offiziellen Besuch in Großbritannien: »Die französischen Militärbehörden haben ständige Anweisung, die Details aller ordnungsgemäß festgestellten Greueltaten der Deutschen gegenüber unseren Truppen zu melden. Auf die Frage des verehrten Mitglieds erhielten wir keinerlei Information, doch haben wir eine Untersuchung eingeleitet, die noch im Gange ist.« (Antwort von Mr. Tenant im Unterhaus am 19. Mai 1915). Der Wahrheitsgehalt dieser Meldung wurde bereits damals von General March in Washington in Frage gestellt. 1919 tauchte die Frage erneut auf infolge der Veröffentlichung eines Briefes in *La Nation* (12. April), der von dem Soldaten E. Loader vom *Second Royal West Kent Regiment* stammte, und in dem dieser erklärte, den gekreuzigten Soldaten gesehen zu haben. Daraufhin wurde *La Nation* von Hauptmann E.N. Benet darüber informiert, dass kein Soldat dieses Namens auf der Truppenliste des *Royal West Kent* vertreten sei und dass überdies das Zweite Regiment während des ganzen Krieges in Indien stationiert war.

Jede Seite kann sich leicht vorstellen, dass derartige Grausamkeiten von der jeweils anderen Seite begangen werden. Den alliierten Siegern aber fällt es bis heute schwer sich vorzustellen, dass auch ihre Soldaten beim Feind als blutrünstige Tiere galten. Denn selbstverständlich waren auch die Alliierten des Ersten Weltkriegs dazu imstande, einen unbewaffneten Feind niederzumetzeln. Sicherlich hat die deutsche Armee im Ersten Weltkrieg eine Reihe von Grausamkeiten begangen, doch die Massaker an belgischen Zivilisten durch die deutsche Armee fanden ihre Entsprechung auf alliierter Seite. In mehreren in Deutschland und Österreich veröffentlichten Büchern – einige davon beruhen auf seriöser Forschung – wurden auch die Alliierten beschuldigt, Kriegsverbrechen begangen zu haben.[78]

Ein Flugblatt, das in den ersten Augusttagen 1916 von deutschen Fliegern über dem französischen Generalhauptquartier[79] abgeworfen wurde, prangerte die Bombardierungen deutscher Zivilisten durch französische Flugzeuge an, und zwar weit hinter der Front, in Karlsruhe, Mühlheim, Freiburg, Kandern, Holzen und Mappach. Das Flugblatt verurteilte diese »barbarischen Angriffe«, die fern jedes militärischen Ziels Frauen und Kinder getötet hatten. In der Tat fielen die alliierten Bomben nicht nur auf Kasernen und Bahnhöfe, wie die französischen Zeitungen täglich verkündeten. Die Bombardierung von Karlsruhe am 26. Juni 1916 zum Beispiel tötete auf einen Schlag 26 Frauen und 154 Kinder, die an der Fronleichnamsprozession teilnahmen. Den mutigen Taten von Miss Cavell und Gabrielle Petit entsprachen jene einer Bäuerin aus der Gegend um Valmy, die vom Kriegsgericht zum Tode verurteilt wurde, weil sie deutschen Deserteuren Unterschlupf geboten und ihnen die Flucht ermöglicht hatte.[80] Französische Soldaten wurden bei der Bewachung deutscher Kriegsgefangener Zeugen, wie »Herden von elenden, verlausten, ausgehungerten Deutschen« mit Knüppeln und Ochsenziemern geschlagen wurden, wie

---

78 Georges Demartial zitiert einen Band mit Augenzeugenberichten (Autor: Major Stupnagel), der 1915 vom österreichischen Außenministerium veröffentlicht wurde, sowie ein *Schwarzbuch,* das die Richard Wagner-Vereinigung/Norddeutschland herausgab.

79 Ein Faksimile befindet sich in Robert Boucard, *Les secrets du* G.Q.G. *(Grand Quartier Général),* Paris 1936, S. 172.

80 Madame Weber. Über ihren Fall wurde am 15. Oktober 1914 in *Le Matin* berichtet.

ihnen Nahrung entzogen wurde, alles »unter dem wohlwollenden Blick des Lagerchefs.«[81]

Ein französischer Kavallerieoffizier mit Namen Gouttenoire de Toury beschuldigte formell den französischen General Martin de Bouillon, Kommandant der 13. Infanteriedivision, vor den Angriffen vom 25. September 1915 im Artois Befehl gegeben zu haben, ihre deutschen Kriegsgefangenen zu töten. Der Arztmajor Koechlin enthüllte, dass derselbe Befehl zum selben Zeitpunkt in der Champagne erteilt wurde und dass das 52. Kolonialregiment ihn mit besonderem Eifer ausführte, was zur Folge hatte, dass man einen deutschen Truppenverbandsplatz mit allen Verletzten, Krankenpflegern und Ärzten gänzlich auslöschte.

Wie alle Armeen der Welt waren auch die alliierten Streitkräfte des Ersten Weltkriegs von der Vergangenheit geprägt. Die Briten hatten zuvor schon mehr als einmal »geübt«, 1812 ohne Not Washington in Brand gesteckt und zahlreiche Grausamkeiten in Irland und Indien begangen. Die Deutschen hatten zwar die Hereros in Namibia umgebracht, doch waren es wiederum die Briten, die in Südafrika die Höfe der Buren systematisch zerstörten und für diese die ersten »Konzentrationslager« errichteten.[82] Die Russen hatten 1830 und 1863 in Polen gewütet und sollten im Ersten Weltkrieg Litauern, Letten und Polen, die sie auf ihrem Rückzug gefangen nahmen, viel Leid zufügen. In Ostpreußen zerstörten sie im Monat nach ihrem Einmarsch mehr als 30.000 Häuser (zum Vergleich: in Belgien wurden infolge der deutschen Invasion 15.000 Häuser zerstört). Die Amerikaner hatten sich durch den Völkermord an den Indianern nicht mit Ruhm bekleckert. Die Belgier waren im Kongo nicht zimperlich gewesen. Und was die Franzosen

---

81 *La Vague*, 18. November 1920.

82 Mehr als 20.000 Frauen und Kinder sollen dabei getötet worden sein, und die Todesrate betrug mehr als 50%.

anging, so waren die napoleonischen Kriege und die Niederschlagung der Kommune Beispiele für Grausamkeiten, die zu ihrer Zeit ihresgleichen suchten.

Zu glauben, im Ersten Weltkrieg hätten Banditen und edle Ritter gegeneinander gefochten, zeugt also von seltener Naivität. Natürlich müssen Gewaltakte nicht auf beiden Seiten gleich grausam sein, es kommt sogar vor, dass es je nach Umständen, den zur Verfügung stehenden Mitteln, der Disziplin oder der Befehlslage gar nicht erst zu Grausamkeiten kommt, doch die Kriegspropaganda muss immer den Eindruck erwecken, als seien sie *ausschließlich* dem Feind zuzuschreiben. Die Grausamkeiten des eigenen Lagers werden als »Fehler« abgetan, die durch Versehen oder Unachtsamkeit passiert sind.

Dieses fünfte Propagandaprinzip wurde sowohl im Algerien- und im Vietnamkrieg, als auch in jüngerer Zeit im ersten Golfkrieg und im Krieg gegen Jugoslawien noch strikt angewandt. Während des Golfkriegs 1991 verbreiteten unsere Medien die Nachricht, die von den Irakern gefangen genommenen Piloten hätten allesamt aufgedunsene Gesichter, wegen der vielen Misshandlungen, was später mit dem Eingeständnis dementiert wurde, die blauen Flecken rührten nicht von der schlechten Behandlung durch die Iraker, sondern seien darauf zurückzuführen, dass ihre Flugzeuge mitten im Flug abgestürzt waren!

Bekannt ist auch, dass von den Kuweitis, um die amerikanische öffentliche Meinung für eine Einmischung in den Konflikt zwischen Irak und Kuweit zu gewinnen, die Werbeagentur Hill and Knowtown eingeschaltet wurde, mit dem Auftrag, eine Pressekampagne durchzuführen, die diese Intervention unterstützte. Im Zentrum dieser Kampagne stand die erschütternde Geschichte von kuweitischen Babys, die von irakischen Soldaten aus ihren Brutkästen gerissen wurden. Diese Geschichte wurde im amerikanischen Kongress, in der UNO und in den Reden des amerikanischen Präsidenten Bush sen. mehrfach wiederholt. Ein Lügenmärchen, das entscheidend dazu beitrug, die amerikanische Bevölkerung umzustimmen. Im Nachhinein wurde zwar bekannt, dass es eine reine Erfindung der Agentur war, doch sie hatte ihre Funktion wirkungsvoll erfüllt.

Berichte über Grausamkeiten spielten auch im Fall Jugoslawiens eine entscheidende Rolle, um die europäische und amerikanische Bevölkerung für die Bombardements zu gewinnen. Wie in jedem Krieg, noch dazu in einem Bürgerkrieg, war es im Kosovo in der Tat zu zahlreichen Gewaltakten gekommen, doch die Propaganda beider Lager stellte – auf ganz klassische Weise – allein die Greueltaten des Feindes heraus. Die westlichen Medien wandten das fünfte Prinzip der Kriegspropaganda sehr präzise an: Wenn die Armeen ihrer Demokratien Unrecht begingen, so geschah das in aller Unschuld, auf serbischer Seite dagegen vorsätzlich. Die Leiden der serbischen Opfer wurden als »Kollateralschäden« abgetan, für diese Opfer, so wurde insinuiert, brauche man kein Mitleid zu empfinden.

Auf westlicher Seite hatte die Propaganda schon vor den Bombardements die serbischen Verbrechen der »ethnischen Säuberung« im Kosovo ins Zentrum gerückt und sie als Teil gezielter Planung dargestellt.[83] Es wurde berichtet, das Stadion von Pristina habe sich für 100.000 Männer in ein Konzentrationslager verwandelt und Milosevic habe die gemäßigten Führer der Kosovo-Albaner ermorden lassen,[84] die allerdings

---

83 Diesen so genannten »Hufeisen«-Plan hat es nach heutigen Erkenntnissen nie gegeben.

84 *Le Soir*, 28. März bis 2. April 1999. Die belgische Zeitung gibt bekannt, dass das Haus von Ibrahim Rugova in Brand gesteckt worden sei und dass der Politiker sich versteckt halte. Sein wichtigster Berater, Fehmi Agani, und fünf andere albanische Persönlichkeiten seien von serbischen Soldaten ermordet worden. Die Nachricht wurde wenige Tage später dementiert.

wie durch ein Wunder ein paar Tage später wieder lebendig auftauchten.

Die westlichen Medien räumten »Informationen« etwa über das Massaker an Pseudo-Zivilisten von Racak,[85] die Entdeckung von »Massengräbern«[86] (der Begriff wurde systematisch nur für die Opfer der feindlichen Armee gebraucht, wohingegen die Opfer der eigenen auf Friedhöfen oder anderen »Begräbnisstätten« mit Würde beigesetzt wurden) und natürlich völlig frei erfundene Bilanzen über Hunderttausende albanische Opfer des serbischen Terrors enormen Platz ein. Dass nach dem Krieg die Zahl der von spanischen Gerichtsmedizinern im Kosovo gezählten Todesopfer sich auf weniger als 4000 Personen verschiedener im Kosovo vertretener Nationalitäten reduzierte, kümmerte wenig.[87] Die

---

85 Aus dem Bericht der Gerichtsmediziner ging hervor, dass alle Menschen, deren Leichen man fand, durch Kugeln getötet wurden, die aus der Ferne abgefeuert worden waren, und dass die angeblichen »Verstümmelungen« in Wirklichkeit von herumstreunenden Hunden stammten, die den Leichen vor der Bestattung Bisse zufügten. Der Schlussbericht der finnischen Experten bestreitet außerdem, dass es sich um ein Massaker an *Zivilisten* handelte, die nach ihrem Tod absichtlich entstellt wurden. Doch in ihrer Nummer, in der sie den Jugoslawienkrieg noch einmal Revue passieren lässt (Vincent Hugueux, 19.–25. Januar 2001), ignoriert die Zeitung *Le Vif-l'Express* diese Berichte und berichtet außerdem noch über den Einschlag einer serbischen Granate auf dem Markt von Markale in Sarajewo.

86 Viertausend Opfer, verteilt auf mehr als 800 Massengräber, so *Le Soir* am 22. November 2000. Das heißt, weniger als fünf Tote pro »Massengrab«!

87 Vgl. dazu die Erklärung von Paul Risley, Sprecher des internationalen Gerichtshofs in Den Haag. Im August 2000 gab er die Zahl der Opfer mit höchstwahrscheinlich zwei- bis dreitausend an (*The Guardian*, 18. August 2000; *Le Monde*, 19. August 2000; *Le Soir*, 22. November 2000). Da diese offizielle Zahl die zu Beginn der Bombardierungen genannte weitaus höhere Anzahl Opfer in Frage stellte, löste sie unter den enttäuschten Propagandisten neue Spekulationen aus. So z.B. äußerten sie die Vermutung, dass die unterschiedlichen Zahlen auf die vom Krematorium von Trepcan verbrannten Körper zurückzuführen sei. Diese mit der Leugnung des Holocaust vergleichbare Hypothese wurde formell von der OSZE dementiert, die französischen Wissenschaftlern das ausgesuchteste Material zur Verfügung stellte, um auch noch die kleinste Spur menschlicher Überreste in diesen Minen untersuchen zu können. Dennoch wurde sie in periodischen Abständen immer wieder vor-

in den Medien verbreitete Lüge hatte ihre Funktion bestens erfüllt und die westliche öffentliche Meinung darauf vorbereitet, den Gedanken an Bombardements zu akzeptieren.

Den Exodus albanischer Flüchtlinge im Kosovo, zum Teil verursacht durch den serbischen Terror, der *als Folge* der NATO-Bombardements sich noch verschärfte[88] und zum Teil durch diese Bombardements selbst ausgelöst wurde, schlachteten westliche Medien regelrecht aus. Wie einst die belgischen Flüchtlinge, hatten die Albaner der Politik wunderbar in die Hände gespielt. Wochenlang begann jede Nachrichtensendung mit qualvollen Bildern, erschütternden Augenzeugenberichten: Geschichten von verlassenen Kindern, vergewaltigten Frauen, massakrierten Familien, Aussagen von Jugendlichen. Wie ein französischer Offizier bestätigte, wurde der Bericht eines zehnjährigen albanischen Flüchtlings mit einer Kugel im Arm mehr als fünfzig Mal wiederholt.[89]

Wie im Ersten Weltkrieg wurden darüberhinaus noch Nachrichten schlicht erfunden, wenn die vorliegenden Meldungen nicht sentimental genug waren. Propaganda verlangt vor allem »gute Geschichten«. Die Journalistin Nancy Durham von der *Canadian Broadcasting Corporation* erklärte, wie sie getäuscht worden war und in Dutzenden von

---

gebracht, vor allem im Januar 2001, um auf Kostunica Druck ausüben zu können und ihn zur Auslieferung von Milosevic zu bewegen.

88 Siehe dazu die Berichte der OSZE. Eine eingehende Auseinandersetzung mit diesen Berichten wurde von Diana Johnstone, von 1990 bis 1996 Prozessbeauftragte der Grünen im Europaparlament, in *Balkans-Infos* Nr. 42, März 2000, veröffentlicht. Auch der Augenzeugenbericht des einzigen westlichen Journalisten im Kosovo, Paul Watson, kanadischer Korrespondent der *Los Angeles Times*, ist aufschlussreich (*International Herald Tribune* vom 23. Juni 1999, abgedruckt in *Le Monde* am 26. Juni 1999). Er war der Überzeugung, dass der Luftkrieg der NATO den Bürgerkrieg nur verschärft habe und erst recht Repressalien gegen das am nächsten liegende und ungeschützte Ziel ausgelöst hatte: gegen die Kosovo-Albaner, deren Rettung die NATO mit ihrer Aktion doch eigentlich hatte sicherstellen wollen.

89 *Nouvel Observateur*, 1. Juli 1999, zitiert von Serge Halimi, a.a.O., S. 21 f.

Fernsehsendern die Geschichte der Kosovo-Albanerin Rajmonda verbreitet hatte, die behauptete, mit eigenen Augen gesehen zu haben, wie ihre kleine Schwester getötet wurde. Nach einer seriösen Recherche stellte sich heraus, dass die Familie ihrer Augenzeugin völlig intakt und wohlauf, dass Rajmonda eine UCK-Milizin und ihre Geschichte von vorne bis hinten erlogen war. Durch diese Entdeckung aufs höchste bestürzt, wollte Nancy Durham den Zuschauern mitteilen, dass sie mit ihrem Bericht einer Lüge aufgesessen war, doch die verantwortlichen Fernsehsender rieten ihr entschieden ab, diese Richtigstellung zu verbreiten![90]

Zur politischen Ausbeutung des belgischen Flüchtlingsproblems während des Ersten Weltkriegs schrieb Georges Demartial: »Frankreich und England haben das Unglück dieser Belgier ausgeschlachtet wie jene Frauen, die die Barmherzigkeit ihrer Mitmenschen missbrauchen, indem sie sich bettelnd mit einem weinenden Kind im Arm zur Schau stellen. Sie setzen alles daran, dass die Tränen des Kindes nicht versiegen, um höhere Einnahmen zu erzielen.«

Auf jugoslawischer Seite wiederum standen die zivilen Opfer der Bombardements im Mittelpunkt der Medienberichterstattung, deren Zahl je nach Quelle zwischen 500 und 5000 schwankte,[91] daneben auch die ethnische Säuberung im Kosovo durch Milizen der UCK, die im Sommer 1999 den Sieg davontrugen.

Gemäß der Untersuchung von *Human Rights Watch*, einer immerhin sehr proamerikanischen Organisation, war mehr als die Hälfte der zivilen Opfer der NATO-Bombardements bei Angriffen auf Ziele ohne militärische Funktion ums

90 Der Bericht von Nancy Durham erschien 1999 in der Oktobernummer der Monatszeitschrift *Brill's Content*.

91 Human Rights Watch gibt die Zahl der jugoslawischen Opfer der NATO-Bombardements mit rund 500 Zivilisten an (*Le Monde*, 10. Februar 2000), die jugoslawischen Behörden mit 5.000.

Leben gekommen.[92] Doch nach Aussage der NATO hatten Elektrizitätswerke, Brücken, Fabriken und Fernsehgebäude durchaus militärische Bedeutung. Dass es bei diesen Angriffen zivile Opfer gegeben habe, sei allein der Belgrader Regierung zuzuschreiben, die sie als »menschliche Schutzschilde« missbrauche![93] Woraufhin sich die westlichen Medien weigerten, diesen »Kollateralschäden« Bedeutung beizumessen, von deren Umfang ich mir bei einer Reise nach Jugoslawien im Mai 1999, also während der Bombardements, ein persönliches Bild machen konnte.[94]

Um den einen oder andern verhängnisvollen Fehler zu beschönigen, wie zum Beispiel die Bombardierung eines Transportzuges just in dem Moment, als er über eine Brücke fuhr, schreckte die NATO nicht davor zurück, den entsprechenden Film durch eine Beschleunigung der Bilder so zurechtzubiegen, dass man den Vorfall als »Versehen« interpretieren konnte.[95] Die Zerstörung eines Traktors in einem Flüchtlingskonvoi, den ein amerikanischer Pilot für einen Panzer gehalten hatte, verdiente nicht einmal eine Erklärung oder Entschuldigung von amerikanischer Seite.

Die »ethnische Säuberung« des Kosovo – diesmal als »Umsiedlung von Bevölkerungsteilen« bezeichnet – von Serben, Zigeunern, Bosniern und anderen Nichtalbanern nach dem

---

92 Vgl. Serge Halimi und Dominique Vidal, *L'opinion ça se travaille. Les médias, l'Otan et la guerre du Kosovo,* Marseille 2000, S. 72.

93 *France Inter,* 16. April 1999, zitiert in: *L'Opinion ça se travaille,* a.a.O., S. 75.

94 Ich erinnere mich vor allem an eine Krankenschwester, der nach der Bombardierung ihres Krankenhauses in Nic beide Beine amputiert werden mussten, und an einen kleinen serbischen Jungen, der mitansehen musste, wie sein Onkel, sein Großvater und sein Hund von einer NATO-Rakete getroffen wurden und starben!

95 Die Bilder, auf die sich General Wesley Clark, Oberbefehlshaber der NATO-Truppen in Europa, bezog, um diesen »Fehler« im April 1999 der Presse gegenüber zu erläutern, wurden in einer Geschwindigkeit gezeigt, die dreimal höher war als die normale (*Le Monde,* 8. Januar 200). Bei dem »Vorfall« kamen 14 Menschen ums Leben.

Einmarsch der NATO im Kosovo wurde im entsprechenden Bericht von Jiri Dienstbier[96] auf mehr als 250.000 Vertriebene geschätzt, die wiederum Opfer zahlloser Grausamkeiten wurden. Doch diesmal war in den westlichen Medien nichts von dem humanitären Eifer zu spüren wie bei der Säuberung davor. Natürlich wurde diese »Umsiedlung« wiederum von den jugoslawischen Medien breit thematisiert, ebenso wie die Opfer der NATO-Bombardements, in unseren Medien als »Luftschläge« bezeichnet, was moderner und aseptischer klingt als »Bombardement«, ein blutiges, unpopuläres Wort, das überdies in der Generation unserer Eltern Erinnerungen an den Zweiten Weltkrieg heraufbeschwört.

Wörter sind nie unschuldig: In unserem Lager sprach man von »Befreiung« des Landes, von »Umsiedlung von Bevölkerungsteilen«, »Friedhöfen«, »Informationen«. Handelte es sich um die andere, die serbische Seite, so wurden diese Begriffe systematisch ersetzt durch »Besatzung«, »ethnische Säuberung« oder »Völkermord«, »Massengräber« und Propaganda.

Als im Mai 1999 ein Krankenhaus in Belgrad durch Bomben der NATO getroffen wurde, zeigte eine Belgrader Zeitung[97] auf der Titelseite unter der Schlagzeile »Bomben über den Wiegen« erschütternde Fotos von verletzten Frauen, mit einem Baby im Arm, das sie gerade geboren hatten. Belgrad veröffentlichte ein zweibändiges *Weißbuch* über die Verbrechen der NATO in Jugoslawien, in dem Berichte der Justizbehörden und viele erschütternde Fotos abgedruckt sind, zum Beispiel eine Aufnahme von der Bombardierung

96 Jiri Dienstbier, Berichterstatter der UN über die Lage der Menschenrechte im Kosovo, war unter Vaclav Havel tschechischer Außenminister. Sein Bericht belegte, dass die Besetzung des Kosovo durch die NATO die Situation der Menschenrechte vor Ort nicht verbessert, sondern im Gegenteil wesentlich verschlimmert hatte.

97 Nummer vom 21. Mai 1999.

einer Flüchtlingskolonne am 14. April 1999 in Djakovica.[98] Ein anderes, im Jahr 2000 vom *Center for peace and tolerance* in Belgrad veröffentlichtes Buch zeigt ebenfalls zahlreiche Fotos von vertriebenen Serben und ihren brennenden Häusern und Kirchen nach dem Sieg der UCK, die durch die NATO-Bombardements gestärkt wurde.[99]

Im August 2000 beschuldigte ein serbischer Oberstaatsanwalt 14 Präsidenten und Minister westlicher Regierungen abscheulichster Kriegsverbrechen, darunter Bill Clinton, Madeleine Albright, Tony Blair, Jacques Chirac, Gerhard Schröder, Joschka Fischer sowie den ehemaligen NATO-Generalsekretär Javier Solana.[100] Selbstverständlich haben die westlichen Medien diese Grausamkeiten, weil sie politisch unbequem sind, in keiner Weise thematisiert. Für die Propaganda sind einzig und allein die Greuel »interessant«, die sich politisch ausschlachten lassen.

Wie gesagt, sind Worte nie unschuldig, und wenn man sagt, unsere Soldaten hätten Bagdad »befreit« oder in Kabul »für Sicherheit gesorgt«,[101] so ist das weit weniger verfänglich, als von »Besatzungstruppen« zu sprechen. Die Bilder der »Befreiung« waren mit Hilfe von Militärmaterial (zur Zerstörung der berühmten Saddam-Statue vor dem Hotel Palestine), von Komparsen (Leuten aus dem Umkreis von Ahmed Chalabi) und selbst von Spielereien, die die Befreier im Gepäck hatten (T-Shirts, Fahnen, Plaketten und Sticker), sorgfältig inszeniert worden. Die mediengerechte Inszenierung des Austeilens von Lebensmitteln durch die NATO-Soldaten in Afghanistan bestärkte beim westlichen Zuschauer den

---

98 *Nato Crimes in Yugoslavia – Documentary Evidence*, Bd. I, Mai 1999 (über die Ereignisse vom 24. März bis 24. April), Bd. II, Juli 1999 (über die Ereignisse vom 25. April bis 10. Juni).

99 *Days of Terror in Presence of the International Forces.*

100 *Le Soir*, 30. August 2000.

101 *La Libre Belgique*, 11. März 2003, auf die 5.000 westlichen Soldaten Bezug nehmend, die in der afghanischen Hauptstadt stationiert sind.

Eindruck, dass unsere Soldaten da unten wirklich für das Wohlergehen der Bevölkerung sorgen.

Umgekehrt wurde berichtet, die irakische »Soldateska« hätte ein armes amerikanisches Mädchen namens Jessica Lynch mit Messerstichen und Schlägen schwer verletzt. Nur mit großer Mühe konnte die junge Frau schließlich von einem Ranger-Geschwader befreit werden. Diese von den Medien ausgiebig gemeldete »Befreiung« entsprach jedoch keineswegs den Tatsachen, sie diente nur dazu, die Moral der Amerikaner wieder aufzurichten. Wie die BBC enthüllte, war die junge Soldatin weder wirklich misshandelt worden, noch wurde sie ohne ärztliche Hilfe gelassen – sie lag im Gegenteil im besten Bett des irakischen Krankenhauses in Nassiriya und hatte zwei Bluttransfusionen erhalten – der Angriff auf das Krankenhaus war also nichts anderes als eine für die Medien inszenierte Show.

Die Kriegsverbrechen der westlichen Mächte in Afghanistan im Jahre 2001 oder während des zweiten Golfkriegs wurden – in ganz klassischer Weise – von unserer Seite als »versehentliche Fehler« bezeichnet.[102] Die Erschießungen von Talibangefangenen in Kundus, die 48 bei einer Hochzeit am 1. Juli 2002 in Kakarak getöteten Zivilisten, die in Guantanamo gefolterten Gefangenen, die bombardierten irakischen Bauern, die beschossenen Zivilisten, die auf den Feldern arbeiteten, all das waren also nur »Versehen« und keine Grausamkeiten.

Wenn im Irak so viele »Fehler« unterlaufen sind, so hat das damit zu tun, dass die bewussten Provokationen der Iraker die »Nervosität« der Koalitionssoldaten erhöhen.[103] Sechzehn Einwohner der Stadt Falludsha waren von amerikanischen

---

102 Das Wort ist heute mit so unterschiedlichen Konnotationen belegt, dass *La Libre Belgique* es auf der Titelseite in Anführungszeichen setzt (2. April 2003).

103 *La Libre Belgique*, 2. April 2003.

Militärs mit Maschinengewehren niedergemetzelt worden, weil sie die US-Armee bei einer Demonstration provoziert hatten. Die Schuhe, die sie den Soldaten entgegengeschleudert hatten, waren von den Amerikaner angeblich für Granaten gehalten worden![104]

Die offizielle Version der humanitär engagierten Soldaten der Koalition wurde jedoch ernsthaft erschüttert durch den *Evening Standard*,[105] der Geständnisse amerikanischer Soldaten abdruckte, die erklärten, unterschiedslos auf Nichtkämpfer geschossen, verletzten feindlichen Kämpfern Hilfe versagt, ja, sie sogar erschossen zu haben. Die GI's, die in der englischen Zeitung zu Wort kamen, erklärten darüber hinaus, unfähig zu sein, Zivilisten von feindlichen Truppen zu unterscheiden. Eine Tatsache, die zweifellos auf die meisten Kriege zutrifft, die jedoch in krassem Gegensatz steht zu den durch die offizielle Propaganda verbreiteten, erbaulichen Parolen.

Bleibt festzuhalten, dass das Wesen des Krieges die Gewalt ist, und das gilt für alle Kriegsparteien. Es ist utopisch und unsinnig, dieser Gewalt ein humanes und gemäßigtes Gesicht zu verleihen. Entgegen allen Behauptungen der Kriegspropaganda gibt es keine ritterliche oder unritterliche Art von Gewalt.

Das fünfte Prinzip ist wesentlich, um die öffentliche Meinung bei der Stange zu halten. Es wurde in allen Kriegen des 20. Jahrhunderts angewendet. Die gegnerischen Ungeheuer, die Frauen vergewaltigen und absichtlich verstümmeln, werden unseren gutherzigen Soldaten gegenübergestellt, die von Zivilisten auf der anderen Seite mit Freude erwartet werden, weil sie diese beschützen und ernähren oder gar ihren Verletzten zu Hilfe eilen. Leider hat dieses idyllische

---

104 *La Libre Belgique*, 2. Mai 2003.

105 19. Juni 2003.

Bild mit der Wirklichkeit heutiger wie auch früherer Kriege wenig zu tun.

Alle Armeen vergewaltigen und verwüsten, wenn sich ihnen die Gelegenheit bietet. In einem neuen Buch schätzt ein amerikanischer Professor, dass amerikanische GI's im 2. Weltkrieg etwa 17.000 britische, französische und deutsche Frauen aller Altersgruppen vergewaltigt haben.[106]

Selbstverständlich ist dabei die Wortwahl von besonderer Bedeutung. So wiegt es bei weitem nicht so schwer, wenn man davon spricht, dass unsere Soldaten Bagdad »befreien« oder Kabul »sicherer machen«, als wenn man von ihnen als einer Besatzungsarmee spricht. Die Bilder von der »Befreiung« werden aufwendig in Szene gesetzt, etwa mit Hilfe von militärischem Material, wenn die berühmte Statue vor dem Hotel Palästina vom Sockel geholt wird, oder mit Statisten wie den Verwandten von Ahmed Chalabi, sogar mit Gadgets, die die »Befreier« mitbringen, T-Shirts, Fahnen, Anstecker ...

Die Lebensmittelverteilung durch Nato-Truppen in Afghanistan unterstützt die Vorstellung, dass unsere Soldaten nur da unten sind, um die Bevölkerung glücklich zu machen. Im Gegensatz dazu habe die irakische »Soldateska« das arme junge amerikanische Mädchen namens Jessica Lynch mit Schlägen und Messerstichen überhäuft, bis sie von einem Eingreiftrupp befreit wurde. Diese von den Medien ausgeschlachtete »Befreiung« war jedoch, auch wenn sie die Moral der Amerikaner aufrichtete, weit von der Realität entfernt. Die BBC deckte auf, dass die junge Soldatin nicht etwa belästigt worden war, sondern das beste Bett im Krankenhaus zur Verfügung gestellt bekam, zwei Bluttransformationen erhielt und dass der Überfall auf das Krankenhaus reine mediale Show war.

Die Kriegsverbrechen der westlichen Koalitions-Truppen im Jahre 2001 in Afghanistan oder im zweiten Irakkrieg wurden im Gegensatz dazu als »unbeabsichtigte Patzer«

106 Lilly, J. R., *La face cachée des G.i.'S*, Paris: Payot, 2003.

eingestuft. Patzer auf unserer Seite sind »unbeabsichtigt«. Und wenn es sich lediglich um Patzer handelt, dann sind auch die Hinrichtungen von gefangenen Taliban in Kundus, die Tötung von achtundvierzig Zivilisten während einer Hochzeit am 1. Juli 2002 in Kakarak, das Foltern von Gefangenen in Guantanamo, das Bombardement von irakischen Bauern oder das Trommelfeuer, unter das Zivilisten auf Feldern genommen wurden, keine Grausamkeiten.

Wenn es im Irakkrieg zu einer Häufung von Patzern kam, dann lag das daran, dass die Nervosität der Soldaten der Koalition durch ständige Akte der Provokation anstieg.[107] Und als in Fallujah sechzehn Bewohner der Stadt mit Maschinengewehren niedergemäht wurden, so nur, weil sie die US-Armee mit einer Demonstration herausgefordert hatten, insbesondere dadurch, dass sie die Soldaten mit Schuhen bewarfen, die diese allerdings für Granaten hielten.[108]

Die offizielle Version von den Soldaten im Dienste der Humanität wurde schwer erschüttert, als der *Evening Standard*[109] Geständnisse amerikanischer Soldaten veröffentlichte, die zugaben, dass sie wahllos auf nicht-Kämpfer geschossen, verletzte feindliche Kämpfer krepieren lassen oder gar getötet hätten. Die GI's, die sich in der britischen Zeitung äußerten, sagten auch, dass sie nicht in der Lage seien, Zivilisten von feindlichen Truppen zu unterscheiden. Eine Wahrheit, die in den meisten Kriegen allzu offensichtlich ist, aber unendlich weit entfernt von dem schönen Bild, das uns die offizielle Propaganda zeichnet. Wie sagte Voltaire in seinen *Contes philosophiques?*: »Für Krieg gibt es keine Gesetze. Nur aus Furcht oder Eigennutz wird das Böse verhindert.«

Auf keiner Seite ist ein Krieg eine moralische Expedition, bei der fein säuberlich zwischen Kombattanten und

---

107 *La Libre Belgique*, 2. April 2003.
108 *La Libre Belgique*, 2. Mai 2003.
109 *Evening Standard*, 19. Juni 2003.

Zivilisten unterschieden wird. Der Krieg zwischen Russland und der Ukraine macht da keine Ausnahme. Während die Grausamkeiten der russischen Truppen in der westlichen Presse ein großes Echo finden, wird der Bericht von Human Rights Watch, der von den Übergriffen gegenüber russischen Kriegsgefangenen berichtet, durch *Le Monde* (9. April 2022, unter dem Titel *Über mögliche Übergriffe durch das ukrainische Militär*) im Konditional abgehandelt. Ebenso der Bericht von Amnesty International vom 4. August 2022, der mit genau angegebenen Beispielen festhält, dass Kiew Zivilisten in Gefahr bringt, indem Truppen in Wohngebieten stationiert werden (was »menschliche Schutzschilde« genannt wird, wenn es sich um eine Technik des Gegners handelt), ein Verhalten, das nur ungern in der westlichen Presse erwähnt wird. Im August 2022 dann werden die ausländischen Legionäre, die gemäß dem Erlass des Präsidenten vom 27. Februar 2022 für die Ukraine kämpfen, Gegenstand eines 78 Seiten langen Berichts. Der Bericht deckt auf, dass die Legionäre sich kriminellen Verhaltens schuldig gemacht haben: Unter dem Befehl eines polnischen Kriminellen (*Kyiv Independent*) begehen sie Razzien, Diebstähle, Waffenhandel, Vergewaltigungen. Diese beunruhigenden Informationen werden allerdings in den westlichen Medien nicht weiter verbreitet. Immer nur geht es um die Grausamkeiten des Gegners, wie etwa das Verhalten Chinas gegenüber den Uiguren, die Grausamkeiten, die in unserem Namen begangen werden, bleiben ausgespart.

Flüchtlinge wiederum erweisen sich als überaus nützlich, um das barbarische Verhalten des Gegners zu belegen. Die bloße Tatsache, dass sie geflohen sind, ist »Beweis« genug für seine Gewalttätigkeit, und so werden sie zum beliebten Objekt der Medienberichterstattung. Im russisch/ukrainischen Konflikt sind sie von Anfang an medial omnipräsent und werden dazu genutzt, die europäische Bevölkerung durch die

Anstrengungen zur Integration der Flüchtlinge zu mobilisieren. So war es auch in Frankreich und Großbritannien während des Ersten Weltkriegs im Hinblick auf die belgischen Flüchtlinge.

Das sechste Prinzip der Propaganda jedoch behauptet, dass der Feind – und er allein – diese Kriegsgesetze nicht respektiere und »unerlaubte« Strategien und Waffen verwende.

6.
Der Feind verwendet unerlaubte Waffen

Das sechste Prinzip der Kriegspropaganda ergibt sich unmittelbar aus dem fünften. »Unsere« Truppen begehen nicht nur keine Grausamkeiten, sondern führen den Krieg noch dazu auf anständige Weise, indem sie – wie bei einem Spiel, das zwar hart, aber männlich ist! – seine Regeln respektieren. Ganz im Gegensatz zum Feind, der sich weigert, die Regeln anzuerkennen.

Der Ausgang eines Krieges hängt immer von mehreren Faktoren ab: von der mehr oder weniger intelligenten Strategie der Generäle, von Motivation und Mut der kämpfenden Truppe, aber auch – in erster Linie vielleicht? – von der deutlichen Waffenüberlegenheit eines der beiden Lager. Die Gallier, die Völker präkolumbianischer Zivilisationen oder die spanischen Republikaner konnten noch so gute Kriegsherrn haben und noch so opferbereit sein – letztlich wurden sie von Katapulten, Pferden und Flugzeugen besiegt, denen gegenüber ihre Kampfmethoden und -mittel veraltet waren. Oft hängt der Sieg daher hauptsächlich von der technischen Überlegenheit der eigenen Armee ab.

Wer trotz aller Kampf- und Opferbereitschaft seine Siegeschancen schwinden sieht, weil ihm ein neuer Waffentyp nicht zur Verfügung steht, ist immer versucht zu behaupten, dass es vom Gegner nicht fair war, diese Waffe einzusetzen. Desgleichen ist ein Überraschungsangriff, solange er von der eigenen Armee ausgeht, legitim, ja zeugt sogar von einer besonders intelligenten Strategie. Wird aber die gleiche Taktik vom Feind praktiziert, ist sie ein Beweis von Feigheit.

So haben die Belgier zum Beispiel in der Schule gelernt, dass Italien, als es nach deutschem Vorbild am 15. Juni 1940 Frankreich ebenfalls angriff, das Land »hinterrücks« überfallen habe, ganz in der Tradition seiner sprichwörtlichen Feigheit. Desgleichen wurden in den Schulen der alliierten Staaten Hitlers Unternehmen »Barbarossa« gegen die Sowjetunion, der japanische Angriff auf Pearl Harbour, der so genannte Jom-Kippur-Krieg gegen Israel, die türkische Offensive in Zypern oder der Einmarsch Saddam Husseins in Kuweit als verräterische und feige Aktionen präsentiert, die unseren Glauben an das Gute erschütterten.

Wenn es auf feindlicher Seite zivile Opfer durch die eigenen Truppen gegeben hat, so wird gern dem Feind selbst die Schuld daran gegeben. Man wirft ihm vor, die Strategie des »menschlichen Schutzschilds« praktiziert, also Zivilisten vorgeschickt zu haben, um die Soldaten zu schützen. Wahrscheinlich hatten die USA 1983 diese Taktik selbst angewandt, als sie ihre Aufklärungsflugzeuge hinter einer koreanischen Boeing verbargen, einer Zivilmaschine, die dann von den Sowjets abgeschossen wurde. Aber verachtenswert ist diese Strategie ja nur, wenn der Feind sie benutzt.

Der Feind stellt seine Feigheit natürlich nicht nur dadurch, sondern auch durch die zum Einsatz gebrachten Waffen unter Beweis. Ob Keule oder Atombombe, ob Kanone oder automatisches Gewehr – alle diese Waffen wurden von der Verliererseite stets als unwürdige Mittel in einem ansonsten anständigen Krieg betrachtet, denn ihr einseitiger Gebrauch durch den Feind verurteilte die eigene Armee automatisch zur Niederlage.

Im Ersten Weltkrieg gab es eine heftige Diskussion über den Einsatz von Giftgas. Jede Seite beschuldigte die andere, das Gas als Erste verwendet zu haben. Wahrscheinlich hatten die Deutschen es als Erste hergestellt und eingesetzt.

Obwohl sie es ebenfalls versucht hatten, taten die Alliierten entrüstet. Aber war der Einsatz von Giftgas denn in so besonderer Weise »barbarisch« und unmenschlich? Das Schicksal der Gesichtsverletzten, der »gueules cassées«, Opfer von Granateinschlägen, war nicht minder tragisch wie das der Opfer von Giftgasangriffen, dennoch blieb das Gas bis zum Zweiten Weltkrieg Inbegriff für »unmenschliche« Kriegsführung.

Da die Deutschen sich – im Gegensatz zu den Alliierten – zudem als sehr professionell im militärischen Einsatz von U-Booten erwiesen, sah man auch in diesen schnell den Prototyp einer »unredlichen« Waffe. Die Torpedierung der *Lusitania* durch deutsche U-Boote wurde von der alliierten Propaganda in besonderer Weise ausgeschlachtet und als Akt barbarischer Piraterie dargestellt. Am 7. Mai 1915 hatte ein von einem deutschen U-Boot abgeschossener Torpedo den amerikanischen Dampfer *Lusitania* versenkt, wobei 1200 zivile Passagiere ums Leben kamen. Genau besehen war die *Lusitania* allerdings ein mobiles Waffenlager, ihr Schiffsraum strotzte vor Munition und die unschuldigen Passagiere hatten völlig ahnungslos als Alibi für einen Waffentransport gedient, der dem deutschen Generalstab hingegen sehr wohl bekannt war. Die Schiffspassagiere waren, um einen heute gebräuchlichen Begriff zu verwenden, nichts anderes als »menschliche Schutzschilde« für eine Waffenlieferung. Ebenso wie über den Einsatz von Giftgas floss über diese Tragödie nach dem Krieg noch viel Tinte, bis 1922 in Washington ein Vertrag unterzeichnet wurde, der die Verwendung beider Waffenarten reglementierte, bei deren Einsatz sich besonders die deutsche Armee hervorgetan hatte.[110]

110 Vertrag vom 6. Februar 1922 über den Einsatz von Unterseebooten und Giftgas in Kriegszeiten. Der Text ist zu finden in: Louis Le Fur und Georges Chklaver, *Recueil de textes de droit international public*, Paris, 1934, S. 711 ff.

Der Vertrag, unterzeichnet von den USA, Frankreich, Großbritannien, Italien und Japan, von Deutschland selbstredend nicht, setzte »die Regeln« fest, »welche die zivilisierten [sic!] Nationen zum Schutz neutraler und nichtkämpfender Personen akzeptieren.« Darin wird nicht nur der Einsatz von Giftgas streng verurteilt, sondern auch stipuliert, dass ein U-Boot ein Handelsschiff nur dann zerstören darf, wenn Passagiere und Besatzung zuvor in Sicherheit gebracht worden sind.

1939 veröffentlichten die französische und britische Regierung eine gemeinsame Erklärung über das Thema des *menschlichen*, mit klassischen Waffen geführten Krieges. Sie bekräftigten darin vor allem ihre Absicht, sich an das Genfer Protokoll von 1925 zu halten, in dem für den Kriegsfall die Verwendung von Giftgas und bakteriologischen Waffen untersagt wurde. Überdies versicherten sie, dass sie ihre U-Boote nur gemäß den Bestimmungen des Protokolls von 1936 einsetzen würden, das von »fast allen zivilisierten Nationen« akzeptiert worden war.[111]

Zu Beginn des Zweiten Weltkriegs behauptete interessanterweise auch Hitler, dem Einsatz »unmenschlicher« Waffen und Kriegsmethoden ein Ende machen zu wollen. In seiner Reichstagsrede vom 1. September 1939 erklärte er, die Alliierten hätten seine diesbezüglichen Vorschläge abgelehnt: »die Vorschläge zur Rüstungsbegrenzung, ja wenn notwendig zur Rüstungsbeseitigung, die Vorschläge zur Beschränkung der Kriegsführung, die Vorschläge zur Ausschaltung von in meinen Augen mit dem Völkerrecht schwer zu vereinbarenden Methoden der modernen Kriegsführung [...]. Wer mit Gift kämpft, wird mit Giftgas bekämpft. Wer sich selbst von den Regeln einer humanen Kriegsführung entfernt, kann von uns nichts anderes erwarten, als dass wir den gleichen Schritt tun.«

111 Vgl. *Livre jaune*, a.a.O., S. 214 f.

Bekanntlich ist Militärgeheimnissen keine lange Lebensdauer beschieden und »neue« Waffen altern schnell. So wurden Giftgase, das Trauma der Zivilbevölkerung der Zwischenkriegszeit, während des Zweiten Weltkriegs, zumindest an der Westfront,[112] nicht zum Einsatz gebracht, wahrscheinlich weil sie sich in der Anwendung als unhandlich erwiesen hatten.

Das Thema »U-Boote – gesetzeswidrige Waffen« wurde hingegen von Präsident Roosevelt immer wieder angesprochen. Am 20. Juni 1941 (die USA waren offiziell noch nicht in den Krieg eingetreten) verurteilte er in einer Botschaft an den Kongress die Torpedierung des amerikanischen Dampfers *Robin Moor* durch ein deutsches U-Boot. Da die amerikanische Herkunft des Schiffes deutlich sichtbar und dem Kommandanten des deutschen U-Bootes bekannt war, betrachtete der amerikanische Präsident diesen Beschuss als Akt der Piraterie, das heißt als Verletzung des Kriegsrechts. Da entgegen den Vorschriften der internationalen Genfer Konvention (die Deutschland, wie erwähnt, nicht unterschrieben hatte) Passagiere und Besatzung dieses Handelsschiffs vor dem Beschuss nicht in Sicherheit gebracht worden waren, verglich Franklin Roosevelt diese Torpedierung mit einem terroristischen Anschlag.[113]

In puncto »illegale« Waffen und »rechtswidrige« Kriegsmethoden übertraf der Zweite Weltkrieg alles bisher Dagewesene: Bombardierung der Zivilbevölkerung, eine schon aus dem Ersten Weltkrieg und dem Spanischen Bürgerkrieg bekannte Methode, Dum-Dum-Geschosse, V1- und V2-Raketen, und, nicht zu vergessen, der quasi als Experiment inszenierte Abwurf der ersten Atombombe auf Zivilisten.

---

112 Auf der Insel Okunoshima allerdings stellten die Japaner vor und während des Zweiten Weltkriegs Tausende von Tonnen Giftgas her, das dann gegen die Chinesen eingesetzt wurde.

113 *America Chooses!*, a.a.O., S. 129–132.

Nach dem ersten Atombombenabwurf durch die Amerikaner versuchten die atomwaffenfreien Länder lange Zeit hindurch, ein Gesetz zu erwirken, das den Einsatz dieser Waffe verbot. Die Länder, die Atomwaffen besaßen, setzten jedoch alles daran, sie ihrem »Club« vorzubehalten, indem sie immer neue Verträge zur Nichtverbreitung von Atomwaffen anregten und auch durchsetzten.

Nach dem Zweiten Weltkrieg traten weitere sogenannte »verbotene« Waffen in Erscheinung. Während des Koreakrieges beschuldigten etwa die Kommunisten die Amerikaner, bakteriologische Waffen einzusetzen. Dieser Vorwurf wurde im Jahr 2000 von *Le Vif-L'Express* (22.10.2000) wieder aufgenommen, diesmal gegenüber den Russen, die angeblich in Tschetschenien mit bakteriologischen Waffen kämpften, und auch die Zeitschrift *Paris Match* griff ihn auf (20. Juli) und beschuldigte »17 Länder, von China bis Lybien, von Nordkorea bis zum Iran«, auf diesem Gebiet eigene Forschungen zu betreiben. Es muss wohl reiner Zufall sein, dass es sich um Länder handelt, die sich aus unterschiedlichen Motiven dem amerikanischen »Kommando« widersetzen.

Der Abgeordnete der französischen Regierungspartei RPR, Pierre Lelouche, Autor des Artikels und Mitglied der Verteidigungskommission des französischen Parlaments, war zusammen mit dem Abgeordneten der Sozialistischen Partei Guy-Michel Chauveau nach Russland aufgebrochen, um dort über die Entwicklung bakteriologischer und chemischer Kriegswaffen zu »recherchieren«. In *Paris-Match* gestand er, keine Hinweise gefunden zu haben. Was ihn allerdings nicht daran hinderte zu behaupten, dass »auf den ›klassischen‹ Terrorismus vielleicht der Bioterrorismus des 21. Jahrhunderts folgen wird. Die Väter dieser Art von Terrorismus, die im Namen von Glaubensüberzeugungen mit apokalyptischer Tendenz[114] oder paranoiden Wahnvorstellungen handeln,

114 Diese Hypothese gilt heute kaum noch für China und Nordkorea.

werden nicht davor zurückschrecken, eine katastrophale Apokalypse auszulösen. […] Objektiv gesehen ist Russland, weltweit wichtigster Produzent biologischer Waffen, bis heute ihr Komplize.« Im selben Artikel erwähnt der RPR-Abgeordnete, dass es die Laboratorien Saddam Husseins gewesen seien, die im Sommer 1999 das »Nilfieber« ausgelöst hatten, das vier Personen das Leben kostete und 33 weitere in New York infizierte.

Auch Jugoslawien wurde im August 1999 beschuldigt, »chemische Waffen« zu verwenden. Im Juni 1999 hatte Jugoslawien bereits der NATO vorgeworfen, mit Uran angereicherte Waffen eingesetzt zu haben, deren schädliche Auswirkungen auf Mensch und Umwelt noch gar nicht genau abzuschätzen seien. Außerdem habe die NATO durch den Einsatz von Splitterbomben, die das Internationale Rot-Kreuz-Komitee verbieten wollte, 150 Zivilisten getötet. Während des Krieges 1999 wurden diese Nachrichten trotz zahlreicher Nachrichtensperren in den westlichen Medien immer wieder verbreitet. Nur wenige Wochen später wurde der Schwarze Peter aber wieder den Jugoslawen zugeschoben, die nun mit dem Vorwurf konfrontiert wurden, im Kosovo biologische Waffen zum Einsatz gebracht zu haben.

Human Rights Watch sollte später bestätigen, dass die NATO tatsächlich Splitterbomben eingesetzt hatte.[115] Tatsächlich bestätigte die NATO selbst im März 2000, im Jugoslawien-Krieg 31.000 mit Uran angereicherte Granaten verwendet zu haben, beeilte sich aber hinzuzufügen, dass diese Waffe, die im Verdacht steht, bei ungeborenen Kindern zu

115 Die Organisation *Human Rights Watch* schätzte nach einer Anfang des Jahres 2000 vor Ort durchgeführten Untersuchung die zivilen Opfer der alliierten Bombenangriffe gegen Jugoslawien auf mindestens 500 und bezweifelte den Einsatz von Splitterbomben. Sie zog die Schlussfolgerung, dass die NATO insofern gegen internationales Recht verstoßen hatte, als sie Waffen zum Einsatz brachte, die das Leiden der Bevölkerung auf unnötige Weise verschlimmerten (Jacques Isnard in: *Le Monde* vom 10. Februar 2000).

Missbildungen, bei Erwachsenen zu Tod oder Unfruchtbarkeit führen zu können, zur Zeit ihres Einsatzes durch keine internationale Konvention verboten war.[116]

Ich erinnere mich noch, wie bei meinem Jugoslawienbesuch im Mai 1999 junge Serben den NATO-Bombern die Faust entgegenstreckten. »Wenn du ein Mann bist, dann komm runter und schlag dich mit mir«, schrie einer der jungen Männer in Richtung des Piloten. Er hielt es natürlich für wenig »männlich« oder »ritterlich«, mit solch ungleichen Mitteln zu kämpfen. Die »Himmelsritter« am Steuerknüppel ihrer kaum verwundbaren Bomber waren in ihren Augen Feiglinge. In der Tat, wie hätte man auch in diesen Bombardements einen »schönen« einzigartigen Kampf erkennen sollen, ein Duell um Stolz und Ehre, wenn die Chancen, den anderen zu töten, 10.000:1 standen?

Vor dem Hintergrund dieser heuchlerischen Unterscheidung zwischen »erlaubten« und »unerlaubten« Waffen lässt sich auch die Kampagne gegen die Antipersonen- oder Landminen neu interpretieren. Am 21. Juli 2000 trug die belgische Königsfamilie, um ihre Unterstützung der Kampagne zur internationalen Ächtung von Landminen zu bekunden, bei der Militärparade zum Nationalfeiertag blaue Bänder am Säbel, am Blumenstrauß oder am Anzugrevers. Der Verteidigungsminister und die Mitglieder der Fallschirmeinheiten machten es der königlichen Familie nach und trugen diese Symbole ebenfalls. Ist es verwunderlich, dass nur Länder wie Belgien sich am nachdrücklichsten für die Ächtung der Antipersonenminen einsetzen, das heißt Staaten, die wahrscheinlich nie Gefahr laufen, sie anwenden zu müssen?

Die Großproduzenten dieser Waffen halten sich natürlich aus diesen Kampagnen völlig heraus. Und so kommt es, dass Antipersonenminen auch in den jüngsten kriegerischen

116 An die UNO gerichteter Brief von NATO-Generalsekretär George Robertson, abgedruckt in *Le Monde* vom 24. März 2000.

Auseinandersetzungen regelmäßig Verwendung fanden. Die USA, die diese Minen vor allem gegen feindliche Guerillas zum Einsatz bringen könnten, oder aber Finnland, das sich ihre Verwendung für den Fall eines eventuellen russischen Einmarschs vorbehält, weigern sich ebenso wie Russland, China und Indien, diese Kampagne zu unterstützen. Womit sich erneut bestätigt, dass »die Waffe der Feigen« immer diejenige ist, die der eigenen Seite nicht zur Verfügung steht. Während des Afghanistankrieges galten die »unerlaubten« Antipersonenminen als die Waffe der Terrorismus. Müßig zu erwähnen, dass der Begriff sinnentleert ist, wenn er nur noch Gewalt bezeichnet, die wir missbilligen?

Der Hauptvorwand für den zweiten US-Krieg gegen den Irak war der Vorwurf, Bagdad versuche sich heimlich als Atommacht zu etablieren. Da die im Jahr 2003 in den Irak entsandten Waffeninspektoren nichts Verdächtiges hatten finden können, präsentierten die Regierungen in Washington und London ein Dokument, in dem angeblich belegt war, dass der Irak versucht hatte, in Niger angereichertes Uran für die Atomwaffenproduktion zu kaufen. Ein Beweis für diesen Versuch hätte das Vorgehen der USA und Großbritanniens natürlich gerechtfertigt, denn allein das Interesse an einem solchen Ankauf hätte auf ein laufendes Atomprogramm schließen lassen. Doch als die internationale Atomenergiebehörde endlich Zugang zu den »Beweisen« erhielt, wurden sie schnell als falsch entlarvt.[117]

---

117 Zwei Dokumente waren besonders suspekt, darunter ein Brief des jetzigen nigerianischen Präsidenten, der seine Macht auf die Verfassung von 1965 gründete, obwohl diese schon vier Jahre zuvor ungültig geworden war. Außerdem hatte man die Unterschrift des Staatschefs ganz offensichtlich gefälscht. Ein weiterer Brief vom Oktober 2000, der sich auf das Uran bezieht, kam vom angeblichen nigerianischen Außenminister Alle Elhadj Habibou, der diese Funktion schon seit 1989 nicht mehr innehatte. Zudem trug der Brief im Briefkopf das Zeichen des obersten nigerianischen Militärrates, der 1999 aufgelöst worden war.

Seit Beginn des zweiten Golfkriegs wurde der Irak immer wieder beschuldigt, im Besitz »geächteter« Waffen zu sein. Auch hatte ein amerikanisches Kommando angeblich eine Fabrik zur Herstellung chemischer Waffen entdeckt. Eine »Information«, die wenig später ebenfalls dementiert werden musste.[118] Auch Bin Ladin war 2003 beschuldigt worden, in der ehemaligen Sowjetunion einen so genannten »Nuklearkoffer« erworben zu haben, was beweise, dass er schlimmste Anschläge auf US-Ziele plane.[119]

Das Wort »Massenvernichtungswaffen« ist, so muss man präzisieren, ein extrem schwammiger Begriff. Er suggeriert, dass es Kriege gibt, in denen nur sporadisch, nicht aber massenhaft Gegner zu töten versucht wird! Der Hauptzweck dieser Kategorisierung von Waffen scheint es zu sein, jeden kritischen Verstand auszuschalten, denn eine objektive Beziehung zwischen biologischen, chemischen und nukleraren Waffen, die von dem Begriff gedeckt würde, lässt sich nicht feststellen.

Die Begriffe »chemische« und »biologische« Waffen sind genauso unklar. Allein ihre Erwähnung erzeugt Angst und Schrecken, obwohl Amerikaner und Sowjets schon lange im Besitz der kompletten Palette an tödlichen Wirkstoffen waren (und damit experimentiert hatten), die sich für militärische Zwecke gebrauchen lassen: Giftgase, chemische Entlaubungsmittel (das berüchtigte »agent orange«), Nervengifte, Binärmunition, hyperwirksame Bakterienstämme, die resistent sind gegen Antibiotika und Impfstoffe.[120]

---

118 *ABC* und *FOX* hatten in der Woche vom 23. März 2003 die Entdeckung von Massenvernichtungswaffen angekündigt, die das irakische Regime zu besitzen leugnete, und *FOX* hatte getitelt »Wichtige Chemiefabrik im Irak entdeckt«.

119 Es handelt sich dabei um eine Mini-Atombombe, die fähig ist, das Zentrum einer Großstadt komplett zu zerstören. Die Anschuldigung wurde in *Le Vif -L'Express* vom 20. September 2003 erneut vorgebracht.

120 Vgl. den diesbezüglichen Artikel von Alain Larca, ehemaliger Präsident der französischen Nationalakademie für Medizin, *L'arsenal oublié des Américains*, in: *Le Figaro*, 24. Mai 2002.

Bekanntlich wurden die USA im Oktober 2002 von einer Anthrax-Psychose heimgesucht. Anthrax-Bazillen wurden »feige« durch Briefe an Persönlichkeiten des politischen Lebens oder der Medien verschickt. Fünf Menschen starben, und schnell wurde der Vorgang dem Terrornetzwerk Al Qaida zugeschrieben. Die Spurenanalyse hat jedoch inzwischen ergeben, dass der Bazillus in Wirklichkeit von amerikanischen Biowaffenexperten selbst verbreitet wurde.[121] Dennoch hatte die Meldung, dass Al Qaida dafür verantwortlich war, in den USA ein solches Trauma ausgelöst, dass die Verkäufer von »Urban Survival Kits« an Privatleute weiterhin gute Geschäfte machen können.[122]

Alibi Nummer eins für den Krieg im Frühjahr 2003 gegen den Irak waren die »Massenvernichtungswaffen«, über die der Irak angeblich verfügte. Es ist in diesem Zusammenhang interessant, die Chronologie des Vorwurfs zu verfolgen. Im August 2002 bestätigte Dick Cheney unter Berufung auf Geheimdienstinformationen, dass der Irak dabei sei, eine Nuklearmacht zu werden. Am 24. September 2002 versicherte Tony Blair den englischen Parlamentsabgeordneten, dass die Iraker imstande seien, »innerhalb von 45 Minuten« ihre Massenvernichtungswaffen zur Anwendung zu bringen. Im November 2002 behauptete Donald Rumsfeld, Beweise dafür zu haben, dass der Irak den Terrorismus unterstütze und Bin Ladin sich im Irak aufhalte.

Am 28. Januar 2003 bestätigte George W. Bush in seiner Rede über die Lage der Nation, dass der Irak versucht habe, sich in Afrika Uran für sein Atomprogramm zu besorgen. Die Behauptung sollte sich, wie bereits erwähnt, als falsch herausstellen. Sie basierte, so *The New Yorker* am 24. März

---

121 Siehe *Le Monde* vom 4. Juli 2002; *Le Vif-L'Express* vom 24. Mai 2002.

122 Die Werbung für diese »kits« wurde auf *FOX News* und *CNN* im März 2003 regelmäßig gesendet. Auch in der *New York Times* vom 12. März 2003 wurde dafür geworben.

2003, auf Dokumenten, die von Experten der britischen Spionageabwehr (MI6) erfunden worden waren und dennoch von der CIA zugunsten der Anti-Irak-Propaganda verbreitet wurden.

Am 5. Februar 2003 hatte der amerikanische Außenminister Colin Powell vor dem UN-Sicherheitsrat eine umfangreiche Dokumentation über die irakischen Massenvernichtungswaffen präsentiert: mobile Labors, Raketen mit chemischen Sprengköpfen, Nervengase. Wie sich herausstellte, war dieses prachtvolle »Dossier« über das irakische Waffenarsenal eine schon zehn Jahre alte Seminararbeit eines Studenten! Man hatte sich nicht einmal die Mühe gemacht, die zahlreichen Orthographiefehler zu beseitigen! Am 17. März 2003 versicherte George W. Bush in seiner Rede an die Nation, dass der Irak weiterhin »die tödlichsten Waffen, die jemals erfunden worden sind«, versteckt halte, was den USA das Recht gebe, zuzuschlagen, um dem Feind zuvorzukommen.

Doch all diese »Beweise« fielen seit Ende März 2003 wie ein Kartenhaus in sich zusammen. Die Dokumente über den Ankauf von Uran in Niger waren Fälschungen, die Massenvernichtungswaffen unauffindbar. Im April teilten amerikanische Offiziere zwar mit, sie hätten 278 Artilleriesprengköpfe mit einem chemischen Wirkstoff entdeckt, doch schon wenige Stunden später waren diese Sprengköpfe nur noch fünf Fässer und die Offiziere gaben zu, sich getäuscht zu haben.[123] Die angsteinflößenden Zylinder, die Vizepräsident Cheney als Beweis für die irakische Bedrohung vorgezeigt hatte, wurden von Experten des Energieministeriums analysiert, die zu dem Ergebnis kamen, dass diese harmlosen Aluminiumröhren ohne jede strategische Bedeutung seien.

Auch die Satellitenfotos, die angeblich eine voll funktionierende irakische Waffenfabrik zeigten, hatten große Wirkung.

123 *La Libre Belgique*, 19./20./21. April 2003.

General James Conway, Chef der Marines, musste gestehen, dass er anstelle von »Hunderten von Tonnen biochemischen Materials« und »mobilen Labors«, von denen Colin Powell gesprochen hatte, nur einzelne Fässer mit Düngemitteln und zwei Sattelschlepper lokalisiert hatte. Am 2. Juli 2003 gab Alastair Campbell, Kommunikationsdirektor des britischen Premierministers Tony Blair, zu, das Dossier mit den angeblichen irakischen Massenvernichtungswaffen »nachgebessert« zu haben.[124]

Sechs Monate nach den aufsehenerregenden Erklärungen über die intensive Bedrohung durch Massenvernichtungswaffen stellte sich heraus, dass all diese »Beweise« auf falschen, verzerrten, im Nachhinein verfassten oder ungenauen Dokumenten basierten. Selbst nach monatelanger Besatzung waren im Irak keinerlei Spuren von chemischen oder biologischen Waffen gefunden worden. Eintausendvierhundert Amerikaner und Briten durchkämmten dennoch sämtliche Orte, die man für verdächtig hielt, letztlich entpuppten sich jedoch alle Hinweise auf angebliche kompromittierende Objekte als falsch. Die Aluminiumröhren, die der Irak in China gekauft, und, nebenbei bemerkt, beanstandet hatte, waren genauso wenig Beweise für Nuklearwaffen, sondern nur ein Versuch von Seiten des Iraks, italienische Raketengeschosse zu kopieren.

So konnte die öffentliche Meinung für einen »Präventiv«-Krieg gegen den Irak mobilisiert werden hauptsächlich mit Hilfe dieses Prinzips der Kriegspropaganda, weil es den Menschen wieder und wieder eingebleut wurde. Die angebliche Existenz von unerlaubten »Massenvernichtungswaffen« war die wichtigste Rechtfertigung für den Krieg. Und als sich herausstellte, dass es sich ausschließlich um Köder, Lüge und

---

124 Brief, der am Mittwoch, 2. Juli 2003, von *The Guardian* veröffentlicht wurde.

Täuschungsmanöver handelte, waren die Militäroperationen bereits wieder vorbei und die öffentliche Meinung konnte sich mit anderen Themen beschäftigen.

Die gegen China gerichtete Propaganda bedient sich derselben Mittel. In der Corona-Pandemie hat der amerikanische Präsident Donald Trump nicht mit solcherart Manipulationen gegeizt und China als Urheber des Virus bezeichnet. Bei einem Auftritt vor der Generalversammlung der Vereinten Nationen im September 2020 verkündete er, die Vereinten Nationen müssten China dafür verantwortlich machen, »dass es diese Plage auf die Welt losgelassen hat.« Wiederholt sprach Trump von »chinesischen Virus« und beschuldigte China, die Welt infiziert zu haben.[125]

Auch wird häufig die subtile Unterscheidung zwischen eigenen oder importierten Soldaten in unserem oder im feindlichen Lager gemacht. Üblicherweise wird es dann als illegitim bezeichnet, Kombattanten zu »importieren«. Wenn sie in der feindlichen Armee kämpfen, spricht man von Söldnern, wenn sie die eigenen Ränge verstärken, hingegen von Freiwilligen.

Wenn die gegnerischen Truppen mit besonderer Verbissenheit kämpfen, wird sofort der Vorwurf laut, die Soldaten würden mit Drogen vollgestopft, bevor sie an die Front geschickt würden. Tatsächlich werden Drogen seit langem eingesetzt, um Müdigkeit, Hunger oder Schmerzen zu bekämpfen und die Kampfkraft der Soldaten zu erhöhen, seien es Amphetamine, Alkohol oder andere Betäubungsmittel.

---

125 *La Dépèche* vom 23. September 2022.

7.
Unsere Verluste sind gering, die des Gegners aber enorm

Die meisten Menschen wollen zur Fraktion der Sieger gehören. Ob die öffentliche Meinung im Kriegsverlauf unbeirrt weiter die Entscheidung der Regierung für den Kriegseintritt gutheißt, hängt von den zu erwartenden Ergebnissen des Konflikts ab. Entwickelt sich der Krieg nicht so gut wie erwartet, muss die Propaganda die eigenen Verluste herunterspielen und die des Feindes übertreiben.

Schon der Krieg von 1914–1918 war ein Konflikt der Kommuniqués beziehungsweise der unterlassenen Kommuniqués. So beliefen sich zum Beispiel nur einen Monat nach Beginn der Kampfhandlungen die französischen Verluste auf 313.000 Gefallene. Doch der französische Generalstab gab nie auch nur den Verlust eines Pferdes zu und machte (im Gegensatz zu den Engländern und Deutschen) nie Listen mit den Namen der Gefallenen publik. Zweifellos sollte die Moral der Truppe und die des Hinterlandes nicht untergraben werden, wo die Meldung von diesem Blutbad vielleicht zur Forderung nach einem ehrenvollen Frieden anstelle der Fortsetzung des Krieges geführt hätte. Die französische Presse weidete sich zwar an der Zahl der deutschen Verluste, sprach aber nie von den eigenen.

Am 22. April 1917 (nach einer Offensive, mit der die deutschen Linien durchbrochen werden sollten und in der auf französischer Seite innerhalb weniger Stunden wahrscheinlich mehr als 100.000 Tote und Verwundete zu beklagen waren) wurde dem französischen Abgeordneten Ruffin-Dugens, als er die Regierung bitten wollte, ihn über den Stand der französischen Verluste zu informieren, im Parlament das Wort entzogen, noch bevor er seinen Satz hatte beenden können.[126]

Je nachdem, ob man französische oder deutsche Quellen zu Rate zog, schien der Ausgang mancher Schlachten mal für die einen, mal für die anderen erfolgreich gewesen zu sein. So wurde zum Beispiel die Schlacht um Verdun von beiden Lagern als der jeweils große Sieg dargestellt. Die Deutschen hielten Verdun für einen Erfolg, weil es ihnen eine große Zahl französischer Kriegsgefangene beschert hatte und sie riesige Mengen Kriegsmaterial beschlagnahmen konnten. Der Kronprinz zeichnete die deutschen Sieger von Verdun mit Medaillen und Ehrungen aus. Doch auch die Franzosen beanspruchten Verdun als ihren Sieg; so ist in der Ausgabe des *Petit Larousse* aus der Zwischenkriegszeit zu lesen: »Zehn Monate lang schlugen die Franzosen in Verdun alle Angriffe der Deutschen zurück und brachten ihnen heftige Verluste bei. Ihr Widerstand während der Verteidigungs- und Angriffsschlachten von Verdun setzte das ganze Universum [sic!] in Erstaunen«.

Die wirklichen Niederlagen hingegen wurden schlicht totgeschwiegen. Demnach wurde im Ersten Weltkrieg auf alliierter Seite weder von der Schlacht um Charleroi, der Einnahme von Maubeuge, der Großoffensive von 1917 und schon gar nicht von der Schlacht bei Tannenberg im August 1914 gesprochen. »Kennern« zufolge war dieser deutsche Sieg über die Russen eine der erstaunlichsten Schlachten aller Zeiten. Der Sieg Deutschlands in Tannenberg war so unzweifelhaft, dass er für die Dauer des gesamten Krieges die Russen aus Deutschland fernhielt. Die französische Presse jedoch tat so, als kenne sie den Ausgang dieser Schlacht nicht

---

126 Zitiert von Georges Demartial, a.a.O., S. 300.

und gab vor, immer noch an die Gefahr eines Einmarsches der Kosaken in Berlin zu glauben![127]

Auch auf finanziellem Gebiet gibt man sich im Krieg optimistisch: Man muss den Eindruck erwecken, als koste der Konflikt weder Blut noch Geld. Deshalb wird gerne verschwiegen, dass ein Krieg notgedrungen Löcher in die Staatskasse reißt. Stattdessen wird betont, wie viele wirtschaftliche Vorteile er dem Land bringen wird: Nach dem Konflikt, so heißt es, wird die Wirtschaft geradezu explodieren, das Land wird dynamischer und wohlhabender werden, denn der Feind wird ja Reparationszahlungen leisten müssen. Kurz, anstatt die Taschen der kriegführenden Parteien zu leeren – durch Militärausgaben, Sold, Kriegskredite, Wiederaufbau, Invaliden-, Witwen- und Waisenpensionen –, würde der Krieg sie auf wunderbare Weise füllen.

Diese Prinzipien wurden natürlich auch in den danach folgenden Konflikten verwendet. Im Zweiten Weltkrieg zum Beispiel leugneten die Nazis sehr lange ihre enormen Verluste an der Ostfront, die sie schließlich zum Rückzug zwangen. Im Vietnamkrieg hielten die USA die Zahl ihrer Verluste so lange wie möglich geheim.

Im Zeitalter des Satellitenfernsehens jedoch ist es gar nicht mehr möglich, eine schwere Niederlage völlig zu verschweigen. Dennoch spielen die Medien die Bedeutung dieses Scheiterns fast immer herunter, indem sie nahezu einhellig die offizielle Version verbreiten. Bei ihrem Krieg gegen Jugoslawien im Jahre 1999 verkündete die NATO zur Rechtfertigung ihrer Bombardements, dass sie erfolgreich unzählige Panzer der jugoslawischen Armee zerstört habe. Am Ende der Kampfhandlungen betrug die Gesamtzahl der zerstörten Panzer ganze 120 Stück!

127 Text von Maurice Barrès vom 8. September 1914, also acht Tage nach der Schlacht, zitiert von G. Demartial, a.a.O., S. 139.

Ein Bericht des Pentagon, der im Juni 1999 im Auftrag von General Clark für die amerikanische Luftwaffe erstellt worden war, schätzte die Zahl der tatsächlich zerstörten jugoslawischen Panzer jedoch auf ganze *14* und nicht auf 120, das heißt auf weniger als 6% aller schweren jugoslawischen Waffen.[128] Und die Royal Air Force gab darüber hinaus im September 2000 zu, dass nur 40% der Munition, die über Jugoslawien abgeworfen worden war, ihr Ziel getroffen hatte. Das habe daran gelegen, dass die serbische Luftaufklärung nicht mit Antiradargeschossen geschwächt werden konnte. Im Nachhinein rechtfertigte die Royal Air Force ihren Misserfolg mit der Beweglichkeit und Streuung der Ziele und mit der Effizienz der serbischen Luftabwehr, die es nicht zugelassen habe, tief genug zu fliegen.[129]

Die jugoslawischen Medien ihrerseits veröffentlichten mit schöner Regelmäßigkeit immer wieder das Foto der drei zu Beginn des Krieges gefangengenommenen amerikanischen Soldaten, was beim Leser den Eindruck erwecken sollte, man habe noch viel mehr Kriegsgefangene gemacht. Der jugoslawische befehlshabende General versicherte am Ende der Bombardements, die Gesamtzahl der NATO-Verluste belaufe sich auf Dutzende von Flugzeugen, Hubschraubern und Drohnen und auf Hunderte Cruise Missiles.[130] In beiden Lagern haben derlei Meldungen die Funktion, die Moral der

---

128 In *Newsweek* am 7. Mai 2000 veröffentlichter Bericht. Siehe auch *Newsweek* vom 15. Mai 2000 und *Le Monde* vom 12. Mai 2000. Ein zweiter Bericht, verfasst im Auftrag von General Corley, hätte seinerseits die ersten Schätzungen bestätigt, doch Clarks Stellvertreter, der Brite Rupert Smith, und der deutsche Generalstabschef Dieter Stockmann hätten ihrem Chef geraten, diesem Gefälligkeitsbericht keinerlei Glauben zu schenken.

129 Die Einzelheiten wurden in einem Artikel veröffentlicht, der in der Fachzeitschrift *Flight International* erschien. Die Kernaussagen dieses Artikels wurden in *Le Monde* vom 17./ 18. September 2000 abgedruckt.

130 Die Zahlen wurden vom Generalstabschef der Bundesrepublik Jugoslawien, General Dragoljub Ojdanic, am 15. Juni 1999 bekannt gemacht und in *Balkans-Infos*, Nr. 41, im Februar 2000, S. 4 veröffentlicht.

kämpfenden Truppe zu festigen und die öffentliche Meinung in der Überzeugung zu bestärken, dass der Konflikt seine Berechtigung hat.

Im jüngsten Afghanistan- und im Irakkrieg war die ungleiche Waffenstärke zwischen den Kontrahenten verblüffend. Weder Afghanistan noch der Irak konnten ernsthaft damit rechnen, in einem klassischen Krieg die weltgrößte Supermacht zu besiegen. Dennoch wurde dieses Prinzip der Kriegspropaganda bei beiden Konflikten angewandt und wurden frühzeitig massive Eroberungen angekündigt.[131] Am 22. März 2003, nur wenige Stunden nach dem Angriff auf den Irak, zitierte die französische Presseagentur *Agence France-Presse* das Pentagon mit der Bekanntmachung, eine ganze irakische Division, ungefähr 8.000 Männer, Teil der 51. irakischen Division, hätten sich den amerikanischen Marines irgendwo im Süden des Landes ergeben. Diese Information ging um die ganze Welt, und auch wenn sie sich im Nachhinein als unwahr herausstellte, machten sich nur wenige Medien die Mühe, die Fehlinformation zu berichtigen.[132]

Der »Skandal«, von dem man im Westen sprach, als der Irak tote und gefangene Soldaten der »Koalition« zur Schau stellte, war logische Folge dieses Propagandaprinzips. Die irakische Seite musste natürlich ihrer Bevölkerung ebenfalls weismachen, dass die feindlichen Verluste enorm seien. Auch die Befreiung der amerikanischen Soldatin Jessica Lynch fügt sich ins Bild. Sie diente dazu, beim amerikanischen Publikum den Eindruck zu erwecken, als würden amerikanische Kriegsgefangene dem Gegner schnell wieder entrissen. Solange Bagdad nicht gefallen war, wurden im Gegenzug auf irakischer Seite die militärischen Verluste des Irak auf

131 Ankündigung bezügl. Afghanistan im belgischen Fernsehen *RTBF*, 25. Oktober 2001.

132 *Le Soir* korrigierte die Information vom 27. März 2003 in einem Artikel von Baudouin Loos mit dem Titel *Avez-vous vérifié l'information?* (»Haben Sie die Information überprüft?«).

geradezu absurde Weise geleugnet und die amerikanischen Verluste übertrieben dargestellt.

Seit dem offiziellen Ende der Kampfhandlungen versuchen nun die Koalitionsmächte, ihre Verluste herunterzuspielen. Zudem vermeiden sie es, von irakischem Widerstand oder von Gegnern ihrer Besatzung zu sprechen, um die Attentate, die bereits vielen Mitgliedern der Besatzungstruppen das Leben gekostet haben, Anhängern von Saddam Hussein in die Schuhe zu schieben, die es noch zu beseitigen gilt.

Gleich mit Beginn des Konflikts zwischen Russland und der Ukraine hat die westliche Presse die russische Armee so dargestellt, als sei sie in Schwierigkeiten, steckengeblieben und leide unter großen Verlusten. Desertionen und Rücktritte seien an der Tagesordnung. Die Zeitung *Sud-Ouest* titelt am 29. März 2022: »Krieg in der Ukraine: Getötete Generäle stehen symbolisch für die schweren Verluste der Russen«. Und weiter hinten steht zu lesen: »Das Ausmaß der russischen Verluste in der Ukraine erreicht, selbst wenn die Zahlen nicht verifiziert werden können, offensichtlich ein beträchtliches Ausmaß. Symbolisch dafür steht ein Phänomen, das seit den ersten Tagen des Konflikts zu beobachten ist: Der Tod vieler Generäle und höherer Offiziere.« Im August 2022 werden die entsprechenden Aussagen des russischen Deserteurs Pavel Filatyev in der gesamten westlichen Presse weit verbreitet.

Damit die Propaganda ihre Wirkung auf die Bevölkerung nicht verfehlt, ist es von Vorteil, sich von »Profis« für die Manipulation der öffentlichen Meinung unterstützen zu lassen. Das ist der Sinn des achten Prinzips der Kriegspropaganda, mit dem wir uns im nächsten Kapitel beschäftigen.

8.
Unsere Sache wird von Künstlern und Intellektuellen unterstützt

Wie jede Form der Werbung zielt auch die Propaganda vornehmlich auf Gefühle ab. Gefühle sind der Hebel, mit dem unaufhörlich die öffentliche Meinung mobilisiert wird. Propaganda und Gefühle gehören seit jeher untrennbar zusammen.

Wenn es um das Wecken von Emotionen geht, ist nüchternen Beamten nicht zu trauen. Besser, man wendet sich dafür an professionelle Werbeleute. Das kann die Werbeagentur Hill and Knowtown sein, die von Kuweitis engagiert wurde und sich die rührende Geschichte von den Babys ausdachte, die von irakischen Soldaten entführt wurden. Es können aber auch Künstler und Intellektuelle, die Meister des Gefühls, sein.

Im Ersten Weltkrieg steckte die Welt der professionellen Werbung noch in den Kinderschuhen. Daher wurden vornehmlich Künstler und Intellektuelle umworben, deren Dienste von allen Kontrahenten freudig in Anspruch genommen wurden, um die jeweilige öffentliche Meinung zu mobilisieren. Dichter und Schriftsteller waren in der Lage, Propagandalügen in besonders bewegender oder schadenfroher Form zu verbreiten. Pierre Loti, Marineoffizier, renommierter Schriftsteller und Mitglied der Académie Française, beschrieb zum Beispiel deutsche Kriegsgefangene in sehr verletzender Weise: Sie wirkten auf ihn »wie plumpe, hässliche, dumme und unverbesserliche Rüpel.«[133]

---

133 Vgl. seine Artikel in *L'Illustration*, vor allem den vom 24. Dezember 1915 und vom 3. November 1917, zitiert von G. Demartial, a.a.O., S. 161 f.

Die schillerndsten »Perlen«[134] der Kriegspropaganda wurden mal von berühmten, mal von völlig unbekannten Schriftstellern verfasst, wie etwa dem Autor jenes »Gebets eines kleinen Mädchens mit abgehackten Händen«, das in *La Semaine religieuse* im Februar 1915 in Ille-et-Vilaine erschien. Ein sechsjähriges Mädchen, das in einem nordfranzösischen Krankenhaus betend niederkniet, beide Arme dick mit Verbänden umwickelt, spricht leise vor sich hin: »Herr, ich habe keine Hände mehr. Ein böser deutscher Soldat hat sie mir genommen, weil belgische und französische Kinder kein Recht auf Hände haben, nur deutsche Kinder. Er hat sie mir einfach abgehackt. Und das hat sehr sehr weh getan. Doch der Soldat lachte nur und sagte, die nichtdeutschen Kinder würden noch nicht einmal zu leiden verstehen. An jenem Tag, Herr, hat Mama den Verstand verloren und ich bin ganz allein. Papa haben die deutschen Soldaten mitgenommen, am ersten Kriegstag schon. Er hat mir nie geschrieben. Bestimmt haben sie ihn erschossen.«[135]

Eine erschütternde englische Version des Textes »Kleines Mädchen mit abgehackten Händen«, ebenso naiv wie das eben zitierte Gebet, wenn auch von besserer literarischer Qualität, erschien im *Sunday Chronicle*: »Vor einigen Tagen betrat eine elegante Dame in Paris ein belgisches Flüchtlingsheim und wollte Gutes tun. Dabei fiel ihr ein Kind auf, ein Mädchen von etwa zehn Jahren, das ungeachtet der Hitze im Raum seine Hände in einem jämmerlich verschlissenen Muff versteckt hielt. Plötzlich sagte dieses Mädchen zu seiner Mutter: ›Mama, putzt du mir bitte die Nase?‹ ›Shocking‹, meinte die wohltätige Dame, halb lächelnd, halb vorwurfsvoll, ›ein so großes Mädchen weiß noch nicht, wie es mit einem Taschentuch umgehen soll.‹ ›Sie hat keine Hände mehr,

134 Vgl. das *Collier de Bellone*, zusammengestellt von Gustave Dupin und zitiert von Georges Demartial, a.a.O.

135 Zitiert von John Horne, a.a.O., S. 134.

Madame.‹ Die elegante Dame sah genauer hin, und schaudernd begriff sie. ›Ist es denn möglich, fragte sie, dass die Deutschen …?‹ Statt eine Antwort zu geben, brach die Mutter in Tränen aus.«[136]

Auch Dichter ließen sich von diesem Thema inspirieren. Der belgische Dichter Emile Verhaeren verfasste ganze Gedichtbände mit Kriegspropaganda. Er machte sich lustig über den behinderten Kaiser,[137] stellte ihn als arglistig und puritanisch dar, als einen, der Reims in Brand steckte, während er noch um Löwen trauerte. Eines seiner Gedichte trägt den Titel »Deutschland, ein Land, das alle Rassen ausrottet«,[138] worin es unter anderem heißt:

»Und wenn sie einen Teutonen entdeckten,
am Rande eines Weges, von sicherer Kugel getroffen,
so fanden sie häufig tief in seinen Taschen,
neben Goldketten und zerknittertem Satin
zwei kleine Kinderfüße, auf grausame Weise abgehackt.«[139]

Das Märchen von belgischen Kindern mit abgehackten Händen hatte einen solchen Einfluss auf die damalige Vorstellungswelt, dass ein Dichter aus Liverpool noch 1928 in einem Band mit dem Titel *Gemischte Lieder* in einem »patriotischen« Gedicht schrieb:

»They stemmed in first mad onrush
Of the cultured German Hun,
Who'd outraged every female Belgian
And maimed every mother's son.«

---

136 *Sunday Chronicle*, 2. Mai 1915, zitiert von Arthur Ponsonby, a.a.O.

137 »Sein linker Arm wollte sich einfach nicht bewegen
Er war der Kaiser, aber…
Es gelang ihm nicht, das Schwert zu erheben
Mit zwei ungelenken Händen.«
Emile Verhaeren, *Les Ailes rouges de la guerre*, Paris 1916, S. 84.

138 Ebd. S. 195 und S. 201.

139 In: *La Belgique sanglante.*

Was wörtlich übersetzt heißt:

»Sie drängten den ersten wilden Ansturm
Des deutschen ›kultivierten‹ Hunnen zurück,
Der jede Frau in Belgien vergewaltigt hatte
Und verstümmelt den Sohn einer jeden Mutter.«[140]

Maler und Karikaturisten stellten ihre Kunst ebenso in den Dienst der Propaganda. In Belgien zeigten Alfred Ost, Ernest Wante, Louis Remaekers, Louis-Charles Crespin und Albert Besnard in bewegenden Bildern, wie Menschen vor den deutschen Horden fliehen, wie ein Priester seine Kirche von den »Hunnen« zerstört vorfindet, wie das belgische Königspaar sich an der Spitze eines Zuges von katholischen Königen aller Epochen zeigt.[141]

Auch in Frankreich beteiligten sich zuweilen berühmte Karikaturisten (Roubille, Willette, Huard, Herman-Paul) an der Propaganda. So malte zum Beispiel Poulbot ein kleines Mädchen, das niederkniet vor dem Grab seiner – eigenen Hände![142] Und Matisse und Monet unterzeichneten ein patriotisches und antideutsches *Manifest der Hundert*.

Selbst Musiker ließen sich für Propagandazwecke gewinnen. Camille Saint-Saëns unterzeichnete das eben genannte Manifest und Débussy komponierte ein Weihnachtsstück für Kinder, die kein Dach mehr über dem Kopf haben, weil die Häuser ihrer Familie zerstört worden waren: »Sie haben die Kirche und unsern Herrn Jesus Christus und den armen Alten in Brand gesteckt, der sich nicht rechtzeitig in Sicherheit bringen konnte.«[143]

---

140 Zitiert von Arthur Ponsonby, a.a.O.

141 Vgl. Anne Morelli, *La guerre de 1914–1918 et l'art religieux en Belgique*, in: *Facettes du christianisme, études offertes au Professeur Jean Hadot*, Brüssel 1985, S. 101–120.

142 John Horne, a.a.O., S. 135.

143 Zitiert in Georges Demartial, a.a.O., S. 137 f.

Parallel dazu gab es natürlich auch auf deutscher Seite Künstler und Intellektuelle, die sich für den Krieg mobilisieren ließen. Anfang Oktober 1914 erschien im *Berliner Tageblatt* ein »Aufruf an die zivilisierte Welt«, unterzeichnet von 93 der bekanntesten Namen der deutschen Intelligenz, daher sein Beiname »Manifest der 93«. Am 13. Oktober wurde es in der Zeitung *Le Temps* in französischer Übersetzung veröffentlicht.

Als Vertreter der deutschen Kunst und Wissenschaft wollten sie mit diesem Manifest auf die Lügen und Verleumdungen der Alliierten reagieren. Interessant ist es vor allem deshalb, weil es fast alle im vorliegenden Buch beschriebenen Prinzipien ausführt: Wilhelm II. habe in seiner 26-jährigen Regentschaft »alles in seiner Kraft Stehende« getan, um Krieg zu vermeiden und sei beseelt von »einer unerschütterlichen Liebe zum Frieden«. Man habe Deutschland den Krieg *aufgezwungen*. Deutschland habe die Neutralität Belgiens nicht verletzt, sondern nur auf »den hinterhältigen Angriff dreier Großmächte« reagiert. Die Alliierten selbst seien entschlossen gewesen, die Neutralität Belgiens zu verletzen, Deutschland »sei ihnen nur zuvorgekommen«. Die deutschen Soldaten hätten keinerlei Grausamkeiten begangen. Sie hätten »nie auch nur einem belgischen Bürger etwas zuleide getan oder seinen Besitz zerstört, ohne dazu durch die harte Notwendigkeit einer legitimen Notwehr gezwungen worden zu sein«.

Hingegen hätten belgische Zivilisten, so das Manifest, »rücklings und feige« auf deutsche Soldaten geschossen und die belgische »Bevölkerung habe Verwundete verstümmelt und Ärzten die Kehle durchgeschnitten, die doch nur ihren barmherzigen Dienst versahen«. Obwohl sie in Löwen durch Heckenschützen angegriffen worden seien, hätten die deutschen Soldaten alles darangesetzt, um die Stadt unversehrt zu lassen. Was das Rathaus betrifft, so hätten »unsere [deutschen] Soldaten es unter Gefährdung ihres eigenen Lebens vor den Flammen geschützt«. Während die deutsche Armee das Kriegsrecht und die Rechte der Zivilbevölkerung respektiere, würden die Alliierten im Westen Dum-Dum-Geschosse einsetzen, »die unseren tapferen Soldaten die Brust zerreißen«, und im Osten würden sie Frauen und Kinder massakrieren.

Am Ende bekräftigte das Manifest, Deutschland sei ein zivilisiertes Volk, der wahre Beschützer der europäischen Zivilisation, ganz im Gegenteil zu Engländern und Franzosen, die mit den Serben und Russen gemeinsame Sache machten und »Mongolen und Neger gegen die weiße Rassc« aufhetzten. Als Nachkommen von Goethe, Beethoven und Kant erklärten sich die Unterzeichner des Manifestes – darunter der berühmte Philologe v. Willamovitz-Möllendorf, der Physiker (und spätere Nobelpreisträger) Max Planck, der Historiker G. von Harnack und zahlreiche Professoren für katholische Theologie – solidarisch mit dem deutschen Volk und der deutschen Armee, die die Kultur ihres Landes schütze, das »wie kein anderes Jahrhundert für Jahrhundert Invasionen ausgesetzt war«.

Diesem »Manifest der 93«, das die deutsche Sache unterstützte, oder dem »Appell an die zivilisierte Welt« sollten auf alliierter Seite viele Petitionen entsprechen, die ebenfalls von bekannten Namen aus Wissenschaft, Literatur und Kunst unterzeichnet wurden.

Die englische Reaktion erfolgte gleich im Oktober 1914,[144] und parallel dazu erfolgte auch ein Appell von russischer Seite.[145] Im November 1914 wetterte die portugiesische Akademie der Wissenschaften ihrerseits gegen die 93 deutschen In-

144 Christophe Prochasson: *Les intellectuels, le socialisme et la guerre (1900–1938)*, Paris 1933, S. 114.

145 Ebd.

tellektuellen. Auch von Seiten spanischer (unter anderem von Miguel de Unamuno und Manuel de Falla), amerikanischer, argentinischer und natürlich französischer Intellektueller und Künstler gab es patriotische Glaubensbekundungen.

Die französischen Intellektuellen, die fünfzehn Jahre zuvor mit der Dreyfus-Affäre in gewisser Weise das Modell des für Gerechtigkeit engagierten Geistesschaffenden kreiert hatten, empfanden es als ihre Pflicht, mit der Feder voran einzuschreiten, sobald diese Werte bedroht waren, und so traten sie mit Begeisterung den Reihen der Kriegsbefürworter bei.[146] Sie beantworteten das »Manifest der 93« mit dem »Manifest der 100«, das von der Akademie der Schönen Literatur ins Leben gerufen wurde und den Titel trug »Die Deutschen, Zerstörer von Kathedralen und Schätzen der Vergangenheit.«[147] Als Unterzeichner finden sich Seite an Seite Katholiken und antiklerikale Republikaner, Intellektuelle der extremen Rechten (wie Maurice Barrès) und dem Sozialismus nahestehende Künstler – ja sogar Anarchisten – sowie Dreyfus-Anhänger und Dreyfus-Gegner. Ein Krieg schwächt wohl in allen Milieus gleichermaßen den kritischen Verstand. Unter den Unterzeichnern tauchen Namen auf wie Tristan Bernard, Paul Claudel, Georges Courteline, Claude Debussy, Camille Flammarion, Anatole France, André Gide, Lucien Guitry, Pierre Loti, Matisse, Octave Mirbeau, Monet, Camille Saint-Saëns.[148] Die pazifistischen Intellektuellen hingegen, die unter anderem durch die Zwänge der Zensur, worauf wir in Kapitel 10 zurückkommen werden, in ihren

146 Ebd., S. 115–117; und Martha Hanna, *The Mobilization of Intellect. French Scholars and Writers during the Great War*, Cambridge (Mass.) 1996. Die Autorin analysiert die Lücken in dieser nach außen getragenen Einstimmigkeit, was besonders in der Kontroverse über Kant deutlich wurde, den die Linken verehrten und die Rechten verabscheuten.

147 Verlegt von Hachette 1915.

148 Die vollständige Liste der Unterzeichner ist zu finden in: Christophe Prochasson, a.a.O., S. 294 f.

Ausdrucksmöglichkeiten beschnitten waren, wurden von diesen Manifesten sowohl in Frankreich wie in Deutschland ausgeschlossen.

Die Mobilisierung von Künstlern, Wissenschaftlern und Intellektuellen zugunsten der kriegführenden Lager wirft natürlich die Frage auf, was denn eigentlich ein Intellektueller *ist* und weshalb er es hinnimmt, dass sein Geist oder seine Feder in Kriegszeiten von der Politik vereinnahmt werden. Die heilige Einheit der Nation scheint zum Verzicht auf jeden kritischen Verstand zu führen, wie sich am Beispiel jener französischen Intellektuellen zeigt, die Madeleine Rébérioux als Leute definiert, die »sich um die Person des Universitätsprofessors (dem Professor an der Sorbonne, an der École des Chartes, der École des hautes études oder der Hochschule für Wirtschaftswissenschaften, kurzum, dem Gelehrten) und um die des Schriftstellers scharen (wie Zola, Mirbeau).«[149]

Auch französische Historiker trugen aktiv zur Kriegspropaganda bei: zum Beispiel Charles Seignobos, Professor an der Sorbonne, und Ernest Lavisse, Mitglied der Académie Française. Letzterer lehrte, Vergeltung sei eine heilige Pflicht; er verteufelte die deutsche Kriegsführung und rechtfertigte gleichzeitig alle französischen Militäroperationen.[150] Diesem universitären Kern gesellten sich Schriftsteller, Musiker, Maler, Zeichner und später auch Künstler der leichten Muse sowie Filmregisseure bei, denen man zwar keinen irgendwie gearteten Sachverstand auf militärischem oder politischem Gebiet unterstellte, die aber mit ihrem Namen die Zustimmung der Nation zum bewaffneten Konflikt befördern konnten.

Über die französischen Universitätsprofessoren, die sich für die Propaganda des Zweiten Weltkriegs stark machten,

149 Vorwort zum Werk von Christophe Prochasson, a.a.O., S. 9.
150 Siehe Zitate in Georges Demartial, a.a.O., S. 11; 85; 159 und 239.

schrieb Romain Rolland:[151] »Jeder, der schrieb, war mobilisiert. Man machte keinen Unterschied mehr zwischen den schreibenden Persönlichkeiten. Die Universitäten waren wie ein Ministerium der gezähmten Intelligenz.« Und über die Unterstützer der Kriegspropaganda aus Philosophen-Kreisen schrieb er: »Bewandert im Umgang mit Gedanken, vermochten sie diese wie Zuckerwatte zu ziehen, zu dehnen, zu drehen und zusammenzuknüpfen [...]. Sie vermochten ebensogut Weiß wie Schwarz zu beweisen und fanden bei Immanuel Kant ganz nach Belieben die Freiheit der Welt oder den preußischen Militarismus. Sie beherrschten die Kunst, das Konkrete mit dem Abstrakten zu erklären, die Wirklichkeit mit ihrem Schatten, und besaßen das Talent, besonders erlesene oberflächliche Beobachtungen zu systematisieren.«[152]

In der Zwischenkriegszeit tat sich eine Kluft auf zwischen Intellektuellen, die mit dem Faschismus sympathisierten und denen, die ihn ablehnten. Das Aufkommen des Faschismus in Italien und Portugal, des Franquismus in Spanien und des Nationalsozialismus in Deutschland, sowie der Einmarsch der Nazis in vielen europäischen Ländern führte dazu, dass antifaschistische Intellektuelle ins Exil gingen oder zum Schweigen verurteilt waren. Nur die Wissenschaftler und Künstler, die bereit waren, den Faschismus zu unterstützen, konnten weiter unbehelligt ihrer Arbeit nachgehen.

In Großbritannien, der Sowjetunion und den USA wiederum wurden die Dienste von Intellektuellen und Künstlern für die Sache der Alliierten in Anspruch genommen. Einstein schrieb sogar von sich aus einen Brief an den Präsidenten der Vereinigten Staaten, in dem er darum bat, die Entwicklung der Atombombe voranzutreiben.

---

151 In Clérambaut, *Histoire d'une conscience libre pendant la guerre*, Paris 1920, S. 87 (deutsch: *Clerambaut*, Berlin 1989).

152 Ebda., S. 87 f.

Noch viel stärker als im Ersten Weltkrieg, wo Konzerte und Unterhaltung an der Front eher die Ausnahme waren, wurden im Zweiten Weltkrieg auf beiden Seiten Stars aus dem Bereich der Unterhaltung aufgeboten, um die Moral der Truppe und der Bevölkerung zu heben. In Frankreich waren unter anderem André Clavaux, Tino Rossi, Charles Trenet, André Dassary, Edith Piaf und Maurice Chevalier, zumindest zu Beginn des Krieges, die singenden Stützen des Pétain-Regimes und der deutschen Besatzung.[153] Auch wurden Radio und Schallplatten intensiv als Propagandamittel benutzt und sowohl die BBC als auch Radio Moskau spielten auf dem Kontinent eine wesentliche Rolle bei der Meinungsbildung. In den USA konnte man Schallplatten mit den Reden Präsident Roosevelts[154] oder aber mit dem Marsch »Remember Pearl Harbour« kaufen.

Maler spielten im Zweiten Weltkrieg als Stützen der kriegführenden Parteien kaum noch eine Rolle, wurden höchstens zur Gestaltung von Propagandaplakaten herangezogen, auf denen die eigenen Kriegsmotive gepriesen wurden.[155] Die Gestaltung dieser Plakate wurde jedoch nicht nur Malern, sondern auch Fotografen überlassen, wie zum Beispiel Norman Rockwell, der auf sentimentale Weise die vier Grundwerte darstellte, für welche die USA angeblich kämpften.[156]

Andere gängige Themen auf den Propagandaplakaten des Zweiten Weltkriegs waren die Greueltaten des Feindes oder

---

153 Einige unter ihnen wurden bei der Befreiung als Kollaborateure geschmäht.

154 Zum Beispiel seine Rede im Kongress am 8. Dezember 1941.

155 Vgl. das Plakat »Die Amerikaner werden immer für die Freiheit kämpfen« (abgedruckt in: Jacques Pauwels, a.a.O., S. 113), eine Bildkomposition, auf der der Kampf für dieselbe Mission Soldaten des Unabhängigkeitskriegs von 1778 und Soldaten im Jahr 1943 vereint.

156 Vgl. »Wir kämpfen für ...« , abgedruckt in: Jacques Pauwels, a.a.O., S. 114.

die Verherrlichung der Kämpfenden auf alliierter Seite.[157] Auch der Propagandafilm erlebte im Zweiten Weltkrieg seine erste Blüte und so begabte Cineasten wie die Amerikaner Frank Capra oder Joris Ivens beteiligten sich mit ihren Filmen an den Kriegsbemühungen. *Warum wir kämpfen*, ein Film, für den beide Regisseure verantwortlich zeichneten, gehört unzweifelhaft zu dieser Kategorie, weil er die Japaner negativ, um nicht zu sagen, karikaturenhaft verzerrt darstellt. Andere amerikanische Filmemacher sollten sich in dem Moment, als die USA an der Seite der UdSSR zu kämpfen begann, entschließen, die Verdienste ihres neuen Verbündeten mit Filmen wie *Mission to Moscow* oder *Northern Star* zu loben.

Die gleiche Beteiligung von Künstlern und Intellektuellen gab es in den Zeiten des Kalten Krieges. Damals etablierte sich eine neue Kunstgattung: der Comic. In der belgischen Wochenzeitung *Spiro* ließen die Abenteuer von Buck Danny[158] den Leser am Koreakrieg teilnehmen,[159] während in Frankreich *Bernard Chamblet en mission au Pays jaune*[160] im Rahmen des Indochinakriegs einen Frankreich treu ergebenen Legionär mit sadistischen Rebellen konfrontiert.

Die Abenteuer von Blake und Mortimer setzen das Genre bis in unsere Tage fort, zum Beispiel mit *Voronovs Machenschaften*, einem im Jahr 2000 veröffentlichten Spannungscomic, in dem berichtet wird, wie sowjetische Wissenschaftler 1957 innerhalb von 48 Stunden eine unbekannte Bakterie aus dem Weltall identifizieren, deren Stamm sie kultivieren und in alle Erdteile schicken, um westliche Persönlichkeiten

---

157 Zu Präsentation und Analyse dieser Dokumente vgl. *Guerres et propagande ou comment armer les esprits*, Brüssel, 1983.

158 Mit Dank an Victor Hubinon und Jean-Michel Charlier.

159 *Ciel de Corée und Avions sans pilotes.*

160 Von Le Rallic.

zu ermorden![161] Zeichner und Autoren von Comics gesellten sich also während des Kalten Krieges zu Schriftstellern und Filmregisseuren und unterstützten die Propaganda ihres jeweiligen Lagers.[162]

Auch im ersten Golfkrieg und im Jugoslawien-Krieg hatte der Appell an Künstler und Intellektuelle, die Propaganda der jeweils eigenen Seite zu unterstützen, durchaus Erfolg. Für künftige Generationen wäre es sicher interessant, eine Liste sämtlicher französischer Universitätsprofessoren, Philosophen oder Mediengrößen zur Verfügung zu haben, die die französische Öffentlichkeit völlig undifferenziert dazu anhielten, den Krieg zu unterstützen,[163] wobei sie prägnante Formulierungen erfanden, gute Geschichten erzählten, heute mit ihrem Prestige »Informationen« stützten, die am nächsten Tag dementiert werden mussten, und alle beschimpften, die diese Informationen in Zweifel zu ziehen wagten. Um die letzten Zauderer zu überzeugen, zögerten sie nicht, zu den bewährten Methoden des Antifaschismus und Antistalinismus zu greifen, indem sie selbstbewusst und völlig generalisierend anführten: Völkermord, Gulag, Hitler, München, Oradour, etc.

Selbst Geographen ließen sich zu Propagandazwecken missbrauchen, indem sie etwa mit ihren Karten Fakten zeigten, die noch gar nicht geschaffen worden waren. So bot *National Geographic*, eine Monatszeitschrift mit einer Auflage

---

161 Dieser 2000 veröffentlichte Comic stammte von dem verstorbenen Edgard P. Jacobs sowie den ihm »nachgefolgten« Zeichnern (Yves Sente und André Julliars). In *Avancées* von Juli–August 2000, S. 38 f., wird die Ideologie dieses Comics analysiert.

162 Zu antikommunistischer Propaganda vgl. Pascal Delwit und José Gotovitch (Hrsg.), *La peur du rouge*, Brüssel 1996.

163 Bernard-Henri Levy, Daniel Schneidermann, Patrice Canivez (Dozent an der Universität Lille III)., Alain Joxe (Studiendirektor an der Hochschule für Sozialwissenchaften), Pierre Bayard und Jean-Louis Fournel (Professoren an der Universität Paris VIII) unter vielen anderen.

von weltweit mehreren Millionen Exemplaren, in der Nummer von Februar 2000 seinen Lesern eine riesige Karte vom Balkan, auf der die Ergebnisse der bevorstehenden militärischen, von der NATO vielleicht geplanten Operationen bereits vorweggenommen waren. Die Karte zeigte farblich hervorgehoben den Kosovo und einen Teil Montenegros als Bestandteil Albaniens.[164] Desgleichen stellte das frankophone belgische Fernsehen auf seiner Wetterkarte den Kosovo als unabhängigen Staat dar, obwohl die Vereinbarungen nach der Bombardierung Jugoslawiens eindeutig und »definitiv« die jugoslawische Souveränität über den Kosovo bekräftigten.[165] Das Fernsehen hatte gänzlich mobil gemacht, um einen Konsens gegen Jugoslawien herbeizuführen, und zwar nicht nur in den so genannten Informationssendungen, die meist aus emotionalen Meldungen ohne roten Faden zusammengesetzt waren. In großen Fernsehshows fanden sich damals die berühmtesten Sänger und Künstler vereint, um ein Publikum zu sensibilisieren, das wenig politisiert war und wenig geneigt, den Krieg gegen Jugoslawien gutzuheißen.

Mit pathetisch verzerrter Miene und vor Rührung rauher Stimme präsentierten sich die belgischen Fernsehmoderatoren sowohl der privaten als auch der öffentlich-rechtlichen Fernsehanstalten in ihren Sendungen über den Kosovo. Da diese Sendungen auf allen Sendern parallel ausgestrahlt wurden, konnte man ihnen als Zuschauer nur schwer ausweichen. Die Beteiligung teuerster Künstler und die Interaktion des Publikums, an dessen Barmherzigkeit appelliert

---

164 Eine andere Karte, veröffentlicht in derselben Nummer (S. 76 der englischen Ausgabe), zeigt angeblich die genauen Orte der Massengräber, für welche die Serben im Kosovo verantwortlich gemacht wurden. Offiziell wurde diese Karten nie bestätigt. In derselben Nummer sind Fotos von Serben mit Verbrechervisage abgedruckt (S. 78 f), ferner Fotos von Flüchtlingen, Toten, Ruinen … und von schüchternen albanischen Mädchen im Kosovo, die den NATO-Soldaten Blumen überreichen.

165 Siehe *Le Vif-l'Express* vom 7. Juli 2000.

wurde, bescherte diesen Shows einen Einschaltrekord und bestätigte das Publikum darin, dass ein Krieg, der von so vielen Berühmtheiten unterstützt wird, nur gerechtfertigt sein kann. Anatole France – der immerhin das *Manifest der 100* unterzeichnet hatte – sagte einmal, dass »der Krieg weniger hassenswert sei wegen all der Ruinen, die er säe, als wegen der Unwissenheit und Dummheit, die mit ihm einhergehen.«[166]

In den Krieg der USA gegen Afghanistan im Jahr 2001 und vor allem gegen den Irak 2003 schien es nicht gelungen zu sein, Künstler und Intellektuelle für Propagandazwecke zu gewinnen, denn beide Konflikte stießen in diesen Kreisen auf starke Ablehnung. Diese Einschätzung relativiert sich jedoch, sobald man untersucht, welche Bedeutung die Medien jeweils den Kriegsgegnern und den Kriegsbefürwortern eingeräumt haben.

Als im Februar 2002 sechzig amerikanische Intellektuelle einen offenen Brief unterzeichneten, in dem sie ihre Unterstützung des Krieges gegen Afghanistan zum Ausdruck brachten, fand ihre Initiative sowohl in amerikanischen als auch in europäischen Medien ein großes Echo. Der Brief war noch eine Woche nach seiner Veröffentlichung Thema in der europäischen Presse, wo Intellektuelle das »Recht, ja sogar die Pflicht« betonten, den Krieg gegen Afghanistan zu führen.[167] Andere amerikanische Intellektuelle wiederum hatten einen Protestbrief gegen diesen Krieg veröffentlicht, der erst nach langem Zögern und ohne großes Echo in wenigen europäischen Zeitungen abgedruckt wurde.

Beim zweiten Irakkrieg reagierten zahlreiche amerikanischen Intellektuelle und Künstler, wie beim Vietnamkrieg,

166 Zitiert von Georges Demartial, a.a.O., S. 137 f.

167 In Belgien z. B. *Le Soir* vom 16. und 17. Februar 2002, aber auch vom 25. Februar 2002, wo Guy Haarscher den Standpunkt der Unterzeichner vertritt.

mit einem vehementen Engagement für den Frieden. Ein »Protestsong« löste den anderen ab: *We want peace* wurde von Lenny Kravitz, zusammen mit dem irakischen Star Kadim Al Sahir und dem palästinensischen Musiker Simon Shaheen, aufgenommen. John Mellencamp spielte einen Antikriegssong ein mit dem Titel *From Washington*. Mia Doi Todd tat es ihm nach und Russel Simmons verkündete Anfang 2003 die Gründung der Gruppe »Musicians United to Win Without War«, der bekanntlich Martin Sheen angehört.

Vierzehntausend amerikanische Wissenschaftler, Schriftsteller und Intellektuelle unterzeichneten in den ersten Märztagen 2003 eine Petition gegen den Irakkrieg, nachdem bereits im Herbst 2002 viertausend amerikanische Persönlichkeiten des öffentlichen Lebens den Aufruf »Not in our name« unterstützt hatten, darunter die Filmemacher Oliver Stone und Robert Altman sowie die Schauspielerin Susan Sarandon. Doch die Verbreitung dieser kritischen Stellungnahmen stand, natürlich, in keinem Verhältnis zum Echo, das die andere Seite in den Medien fand, die Pro-Bush-Position von Tom Cruise oder Steven Spielberg oder die neuen Einspielungen von *God Bless America* durch Ray Charles oder Céline Dion oder aber der Besuch von Bruce Willis und seiner Gruppe »The Accelerator« bei den GI's im Irak.

Die Unterzeichner von »Not in our name« haben ihre Gegenpositionen in der *New York Times* im September 2002, dann in der *Los Angeles Times* und in *USA Today* im Oktober 2002 auf eigene Kosten veröffentlicht. Der Schauspieler Sean Penn musste, um seine Kritik an der Politik von Präsident Bush publik zu machen, für umgerechnet 56.000 Euro eine Seite in der *Washington Post* kaufen, die nur unter dieser Bedingung seinen »Offenen Brief an den Präsidenten der Vereinigten Staaten« veröffentlichte. Auch die Petition von 14.000 amerikanischen Wissenschaftlern konnte nur durch den Erwerb einer Anzeigenseite in der *New York Times* ans

Licht der Öffentlichkeit gelangen.[168] Michael Moore und Sheryl Crow mussten, als ihnen der Oscar beziehungsweise der »Grammy Award« verliehen wurde, die Gelegenheit nutzen, um ihre Gegnerschaft zum Krieg öffentlich zu bekunden. Obwohl man den Musikern im Vorfeld verboten hatte, während der Veranstaltung ihren Protest zu äußern, erschien Sheryl Crow im Februar 2003 bei der Verleihung der Grammy-Preise mit einem pazifistischen Symbol als Kettenanhänger und das Band ihrer Gitarre trug die deutlich sichtbare Aufschrift »No war«.[169] Die Mittel, seine Meinung kundzutun, waren also sehr ungleichgewichtig verteilt, und ihre Zuteilung hing davon ab, ob man den Krieg guthieß oder ihn verurteilte. Die *New York Times* warnte übrigens Schauspieler und Musiker, sich dieser Anti-Kriegsposition anzuschließen, weil dadurch ein Boykott entweder seitens des Publikums oder seitens der Produzenten zu befürchten sei.[170] Mit einer Stellungnahme gegen den Irakkrieg riskierten sie, marginalisiert beziehungsweise dämonisiert zu werden.

In der Tat tauchten Lenny Kravitz oder Mia Doi Todd auf MTV nur sehr selten auf. Der Sender hatte Anfang 2003 eine Liste mit Tabu-Songs erstellt. Lieder, in denen die Worte Bombe, Rakete, Krieg vorkamen, wurden aus dem Programm genommen. Die BBC hatte ihrerseits ihre Angestellten aufgefordert, während des zweiten Irakkriegs jeweils vor und nach den Nachrichten leichte Musik zu spielen. John Mellencamp machte sich im übrigen keine Illusionen über die Verbreitung seines Songs *From Washington* und erklärte Anfang März 2003: »Ich vermute mal, dass die Wahrscheinlichkeit sehr gering ist, dass dieser Song in den Radios zu hören sein wird.«[171]

---

168 *New York Times*, 11. März 2003, mit der Angabe »advertisements«.
169 *New York Times*, 9. März 2003.
170 *New York Times*, 2. März 2003.
171 *New York Times*, 9. März 2003.

Zur gleichen Zeit inszenierten Kommunikationsexperten die »Befreiung« Bagdads mit all den kleinen Jungs, die T-Shirts mit der Aufschrift »I love America« zur Schau stellten und die Zerstörung der Statue Saddam Husseins vor einem spärlichen Publikum, aber immerhin unter den Fenstern des Hotels Palestine, in dem die ausländischen Journalisten untergebracht waren. Die PR-Agenturen hatten Künstler und widerspenstige Intellektuelle ersetzt und Hollywood traf Vorbereitungen zu einem Film über die »Befreiung« von Jessica Lynch.

Auch im Ukraine-Krieg wird auf dieses Prinzip nicht verzichtet. Um die Herzen und Seelen des Publikums zu erreichen, müssen sich Künstler, Sportler und Intellektuelle gegen Russland positionieren. Die russischen Künstler, die sich gerade in Europa aufhalten, sollen sich für die Ukraine aussprechen und ihre Regierung verdammen, sonst werden sie von Wettbewerben und Festivals ausgeschlossen. Aber selbst wenn sie solche Treuebekundungen zeigen, werden russische Sportler, Musiker und Filmschaffende oft allein aufgrund ihrer Nationalität diskriminiert.

Um die öffentliche Meinung definitiv für den Krieg zu gewinnen, muss man ihr jetzt nur noch einreden, dass die eigene Sache mit der Sache der anderen nichts zu tun hat, denn die eigene Sache ist ja nichts anderes als die Verteidigung der Moral und Zivilisation. Kurz gesagt, sie ist heilig und macht unseren Kampf zu einem veritablen Kreuzzug.

9.
Unsere Mission ist heilig

Wenn unsere Mission heilig ist, dann *müssen* wir sie verteidigen, wenn nötig mit der Waffe in der Hand. Das »Heilige« an der eigenen Mission kann nun wörtlich genommen oder in einem übertragenen Sinn verstanden werden. Wenn man es wörtlich nimmt, ist der Krieg ein Kreuzzug, dem man sich nicht entziehen darf. In der Tat wurde dieses religiöse Argument in der Kriegspropaganda häufig verwendet. Man denke nur an Formeln wie *Gott mit uns, In God we trust* oder *God save the Queen,* die bis in unsere Zeit hinein Soldaten auf ihren Feldzügen begleiten.

Schon der heilige Bernhard schrieb: »Der Ritter, der für Christus kämpft, tötet bewusst und stirbt eines ruhigen Gewissens. Im Sterben findet er das Heil seiner Seele; beim Töten wirkt er für Christus. Wer einem Heiden das Leben nimmt, hat nicht gemordet, sondern das Böse aus der Welt geschafft. Den Tod für Christus zu erleiden oder für Christus zu töten, ist kein Verbrechen und verdient unermesslichen Ruhm.«[172] Auch Luther war dieser Ansicht, ebenso wie die Päpste, bis hin zu Benedikt XV., im Ersten Weltkrieg.

Der Koran hingegen befiehlt: »Kämpft gegen diejenigen, die nicht an Allah und an den Jüngsten Tag glauben, und die das nicht für verboten erklären, was Allah und Sein Gesandter für verboten erklärt haben, und die nicht dem wahren Glauben folgen – von denen, die die Schrift erhalten haben,

---

172 *De laude novae militiae* III, 4, c, 924 B, siehe auch die Einführung von M.M. David im ersten Band des Werkes des hl. Bernhards, Paris 1945, S. 45–47.

bis sie eigenhändig den Tribut in voller Unterwerfung entrichten.«[173]

Schon im Mittelalter hat Thomas von Aquin die vier Kriterien festgehalten, die einen Krieg moralisch rechtfertigen (*eine gerechte Mission*, beschlossen *von einer auf Gesetzen beruhenden Autorität*, für die der Krieg *das äußerste Mittel* ist, und *dem Bösen angemessen, das im Lande wütet*), und alle kriegführenden christlichen Regierungen haben stets beteuert, diese Bedingungen zu respektieren.

Im Ersten Weltkrieg unterstützten die deutschen Bischöfe Deutschland und die französischen Bischöfe Frankreich. Die Predigten des Abbé Sertillanges in der Kirche de la Madeleine in Paris waren jedoch nichts anderes als wutentbrannte Anleitungen zu Massakern. In Belgien schrieb Kardinal Mercier, ein glühender Patriot und Gegner Papst Benedikt XV., der ihn als zu antideutsch einschätzte, »der tapfere belgische Soldat, der bewusst sein Leben hingibt, um die Ehre seines Landes zu verteidigen und die verletzte Gerechtigkeit zu rächen, sieht seine militärische Tapferkeit durch Christus gekrönt, und der Tod, den er als guter Christ annimmt, sichert dem Soldaten das Seelenheil.«[174] Kardinal Mercier war auf zahlreichen Propagandaplakaten abgebildet, denn er bescheinigte den Katholiken in den alliierten Ländern, allein ihr Kampf habe heiligen Charakter – dabei waren in Wirklichkeit Katholiken auf beide Lager ziemlich gleich verteilt. Auf alliierter Seite waren katholische (Belgien, Frankreich, Italien), protestantische (Großbritannien) und orthodoxe Länder genauso vertreten wie auf der Seite des Gegners.

Im Zweiten Weltkrieg stellten die Italiener (schwarze) amerikanische Soldaten als Kirchenplünderer und Bilderstürmer

---

173 Sure 9, Vers 29.

174 *Patriotisme et endurance, lettre pastorale de Noël 1914*, Paris 1914.

hin. Und in den USA, wo die Politik von Religion durchdrungen ist, wurde parallel dazu der Kampf der Alliierten als Verteidigung Gottes und des Christentums präsentiert.[175] Der amerikanische Präsident F. D. Roosevelt beschwor dieses religiöse Argument in seinen Reden stets aufs Neue, wobei er sich auf den göttlichen Schutz berief. »Wenn Gottes Geist nicht auf unserer Seite ist, und wenn wir nicht bereit sind, alles zu geben, was wir sind und haben, um die christliche Zivilisation zu retten, dann ist unser Land dem Untergang geweiht.«[176] Der Präsident beendete seine Antrittsrede zu Beginn seiner neuen Amtszeit 1941 mit den Worten: »Durch den Willen Gottes gestützt, gehen wir als Amerikaner entschlossen voran im Dienst unseres Landes.«[177]

Noch viele andere amerikanische »Tribune« benutzten das »heilige« Argument, um ihren Zuhörern klar zu machen, dass die USA ihre isolationistische Haltung aufgeben müssten. So zum Beispiel verkündete der aus Irland stammende Pater Sheehy: »Ich möchte meinen katholischen Kameraden in Italien zurufen: Die Italiener haben keine besseren Freunde als die Amerikaner. Amerika hat die Italiener ins Herz geschlossen. Unserer Ansicht nach ist ein Bündnis mit Hitler genauso schlecht wie ein Bündnis mit Stalin. Erhebt euch, Söhne Italiens, und folgt den friedlichen Bestrebungen des heiligen Vaters und eures eigenen Königs. Italien gehört zur Achse von Christus.« Und etwas weiter: »Mein irisches Blut gierte einst nach Rache gegen England. Doch leider musste

175 Bekanntlich spielt die Religion im öffentlichen Leben Amerikas eine große Rolle. Régis Debray sagte – voller Sarkasmus! – »in einem amerikanischen Kopf« sei »anstatt Politik das Evangelium zu finden« (*Le Monde*, 1. April 1999).

176 »If the spirit of God is not within us, and we are not prepared to give all we have and are to preserve Christian civilization, then our hand will be headed for destruction«, 2. September 1940, zitiert in: *America Chooses!*, a.a.O., S. 33.

177 »As Americans, we go forward in the service of our country by the will of God«, 20. Januar 1941, zitiert in: *America Chooses!*, a.a.O., S. 79.

ich feststellen, dass England heute die Sache der Freiheit, der Vereinigten Staaten und des Christentums vertritt.«[178]

Oberst Knox, ein amerikanischer Marinesekretär, erklärte in einer Rede vom 1. Juli 1941, in der er den amerikanischen Beitritt zum Krieg gegen die Achsenmächte lobte: »Wir können euch ohne die Spur eines Zweifels versichern, dass wir dieser *heidnischen* Kraft [Hervorhebung der Autorin] eine Niederlage bereiten und Ihnen den Sieg der christlichen Zivilisation garantieren werden.« Auch Lord Lithian, britischer Botschafter in den USA, nahm dieses Argument in einem testamentarischen Brief, den er fünf Stunden vor seinem Tod verfasst hatte, in dem lapidaren Satz auf: »Die Bergpredigt ist auf lange Sicht stärker als jede Propaganda Hitlers oder alle Waffen und Bomben Görings.«

Die aufgeführten Beispiele zeigen, dass die eigene Mission eine Heiligkeit allerersten Ranges annehmen kann, wenn nur Gott sie gutheißt und unterstützt.

Doch häufig werden auch andere Werte, wie Demokratie, »Zivilisation«, Freiheit oder Marktwirtschaft in den Rang heiliger Werte erhoben. Schon in der erwähnten Rede von F. D. Roosevelt kamen beide Arten von Werten vor. Der »Glaube« Amerikas ist der Glaube an Gott, doch dieser Glaube schließt weitere Werte ein. Deshalb kehrte der Glaube an die vier Freiheiten, auf denen das Land basiert (Freiheit des Wortes, der Religion, Freiheit von Not und Gefahr), in Roosevelts Reden häufig wieder[179] und bildete das zentrale Thema auf zahlreichen amerikanischen Propagandaplakaten.[180]

Genauso wurde auch die Demokratie in den Rang eines heiligen Wertes erhoben, eines Wertes, für den es sich lohnt,

---

178 Zitiert in: *America Chooses!*, a.a.O., S. 86 f.

179 Zitiert in: *America Chooses!*, a.a.O., S. 72, Rede vom 6. Januar 1941 über die Lage der Union und S. 124, Rede vom 27. Mai 1941.

180 Siehe zwei Beispiele in Jacques Pauwels, a.a.O., S. 113 f.

jedwedes Opfer zu bringen. »Die Flamme der Demokratie muss weiter brennen. Jeder von uns muss mit all seinen Kräften dazu beitragen, diese Flamme am Leben zu erhalten. Wenn die persönliche Anstrengung eines jeden Einzelnen auch sehr gering scheinen mag, so sollte man sich vor Augen halten, dass sie allein in den Vereinigten Staaten von 130.000.000 Individuen geleistet wird und von vielen anderen mehr in Großbritannien und anderswo. All diese Menschen werden tapfer die große Flamme der Demokratie verteidigen und die Barbarei besiegen.«[181]

Auch in Konflikten der jüngeren Epoche wurde diese Schwarz-Weiß-Mythologie wieder bemüht: die heilige Marktwirtschaft im Kampf gegen die »Schurkenstaaten«[182] und die Mächte des Bösen. Der französische Außenminister Hubert Védrine war sehr isoliert, als er im Juni 2000 erklärte, Demokratie sei keine Religion: »In den westlichen Ländern tendiert man zu sehr dazu, in der Demokratie eine Religion zu sehen, zu der man die Leute bekehren müsse.«[183] Doch abgesehen davon haben alle kriegführenden Parteien das religiöse Motiv in der ersten Kriegsphase verwendet, wann immer es sich anbot.

So zum Beispiel wurde der Konflikt zwischen Albanern und Serben durch Letztere als Krieg mit religiösem Charakter empfunden und auch so dargestellt. Es ging den Serben um das orthodoxe Christentum, das wie so oft schon in seiner Geschichte vom Islam attackiert werde. Trotz ihrer größtenteils atheistischen Einstellung betonten die Serben stets aufs Neue, es handle sich um einen Krieg zwischen »Halbmond

---

181 Zitiert in: *America Chooses!*, S. 95, Rede von F. D. Roosevelt vom 17. März 1941.

182 Der Begriff wurde z. B. von André Glucksmann in *Paris-Match*, 27. Juli 2000, S. 77, gegen Russland verwendet.

183 *Le Monde* vom 29. Juni 2000 druckte seine Rede vom 27. Juni 2000 erneut ab (vgl. *Bulletin d'actualité de Ministère des Affaires étrangères française* vom 27. Juni 2000, http://www.doc.diplomatie.fr/cgi).

und Kreuz« und betonten ihren orthodoxen Glauben als das grundlegende Element ihrer Identität. Die orthodoxe Religion wurde dazu benutzt, die Serben gegenüber den NATO-Angriffen zusammenzuschweißen. Während der Bombardements im Frühjahr 1999 waren Plakatwände in Belgrad mit riesigen Plakaten einer rechtsgerichteten Partei tapeziert, die unter religiösen Slogans (u.a. »Christus ist wieder auferstanden«, Leitmotiv des orthodoxen Osterfestes) versicherte: »Sie [die NATO] glauben an Bomben, wir glauben an Gott.« Das dazugehörige Foto konfrontierte eine Bombe mit einem in osteuropäischem Stil bemalten Osterei.

Desgleichen veröffentlichte Belgrad im Jahr 2000 einen Fotoband, in dem die ungerechte Behandlung der Serben im Kosovo seit der Besatzung durch die internationalen Kfor-Truppen dokumentiert wurde.[184] Auf zahlreichen Fotos waren orthodoxe Klöster und Kirchen des Kosovo zu sehen, die von Albanern zerstört worden waren.[185] Die Serben erhofften sich von diesen Darstellungen ein Aufleben der internationalen christlichen Solidarität gegen die muslimischen »Bilderstürmer«, doch die Botschaft kam nur in orthodoxen Ländern an. In katholischen und protestantischen Ländern weigerte man sich, die religiöse Dimension des Konflikts zu sehen, die, so die landläufige Meinung, weit weniger wichtig war als die politische Dimension.

Auch wenn der Bischof von New York, der Vorsitzende des Sozialausschusses der Kirche Frankreichs sowie die reformierte Kirche ernsthafte Zweifel an der Berechtigung der NATO-Bombardements äußerten, sich sogar *vehement gegen* diese Bombardements aussprachen, so fanden die westlichen Aktionen gegen Jugoslawien auf der anderen Seite

---

184 *Days of terror in presence of the International Forces, veröffentlicht vom Center for Peace and Tolerance.*

185 Es scheint erwiesen, dass seit Juni 1999 mehrere Dutzend serbisch-orthodoxer Kirchen zerstört wurden.

die Unterstützung durch den Erzbischof von Prag und den Vorsitzenden der Kommission »Gerechtigkeit und Frieden« der französischen Bischofskonferenz.[186] Die meisten Staaten mit einer Bevölkerung überwiegend orthodoxen Glaubens jedoch (Russland, Rumänien, Griechenland, Bulgarien) sahen in dem Konflikt einen neuen Kampf gegen die »Türken« und empfanden es als Demütigung, dass die westlichen Länder den Halbmond gegen das Kreuz verteidigten. Die russischen Popen organisierten Spendenaufrufe aus Solidarität mit ihren serbisch-orthodoxen Brüdern[187] und die Griechen standen der NATO-Politik in Jugoslawien feindlicher als alle anderen westlichen Länder gegenüber.

In den übrigen westlichen NATO-Ländern wurde der von den Serben so sehr betonte religiöse Aspekt des Krieges dagegen so weit wie möglich verschwiegen. Meist wurde ganz bewusst darüber hinweggegangen, dass die Albaner, denen man mit dem Krieg zu Hilfe gekommen war, Muslime waren (wie im übrigen auch die Tschetschenen in Grosny).[188] Wenn es gar nicht anders ging, präsentierte man den Islam in Albanien und dem Kosovo als besonders diskret, tolerant, gemäßigt, kurz, »europäisch«.[189] Man zog es vor, das Thema zu wechseln, und zum Beispiel den heiligen Charakter einer Intervention gegen ein Regime zu betonen, das sich der Demokratie des freien Marktes widersetzte.

Im US-Krieg gegen Afghanistan hielten nicht nur die Taliban die Fahne ihres Glaubens hoch, sondern auch der amerikanische Präsident George W. Bush. Da ihm, nach

186 Mgr. Jacques Delaporte, Erzbischof von Cambrai. Zu seinen verschiedenen Äußerungen siehe Xavier Ternisien, *Les Eglises face à la ›guerre juste‹*, in: *Le Monde*, 27. Mai 1999.

187 Vgl. *Le Monde* vom 8. April 1999, Artikel von Francois Bonnet.

188 In seinem Artikel, in dem er sich auf die Seite der Tschetschenen schlug (*Paris-Match*, 27. Juli 2000, S. 82) hatte André Glucksmann »vergessen«, seinen Lesern dieses »Detail« mitzuteilen.

189 Siehe z.B. Xavier Ternisien, *L'Islam européen des Albanais*, in: *Le Monde*, 15. April 1999, S. 16.

seinen eigenen Worten, die göttliche Gnade zuteil geworden sei, konnte sich Bush als ein Instrument Gottes darstellen, der seinem Land den Auftrag gegeben habe, die geistig-moralischen (aber auch politischen und wirtschaftlichen) Irrtümer anderer Nationen wiedergutzumachen.

Die Idee von der »Achse des Bösen«, die er beim zweiten Irakkrieg wiederaufnahm, verweist auf die Konfrontation mit Babylon, wie in der Apokalypse beschrieben. Im Irak die freie Marktwirtschaft wiederherzustellen und Saddam Hussein abzusetzen waren also »Missionen«, die sich in einen breit angelegten Kreuzzug gegen den Antichrist fügten (gegen Islamisten, Komunisten und andere), der im Sinn habe, den Frieden Gottes zu stören: God bless America.

Parallel dazu gab sich im anderen Lager, je näher der Krieg im Jahre 2003 rückte, Saddam Hussein immer frommer. Er, ehemals Vorreiter des Laizismus, las nun Verse aus dem Koran im Fernsehen vor und rief die muslimischen Kämpfer dazu auf, die aus Ungläubigen bestehenden anglo-amerikanischen Truppen im Namen Allahs zurückzuschlagen: Allah Akhbar. Gott tritt gegenüber allen Kontrahenten als unparteiischer Sponsor auf!

Das religiöse Kriegsmotiv wird, um das Thema abzuschließen, allerdings immer nur dann bemüht, wenn es der *eigenen* Mission dient.

10.
Wer unsere Berichterstattung in Zweifel zieht, ist ein Verräter

Schon Lord Ponsonby hatte in seinem Buch erwähnt, dass jeder Versuch, die Berichte der Propagandadienste anzuzweifeln, sofort als mangelnder Patriotismus, ja sogar als Verrat betrachtet wird.

In der Tat finden sich im Ersten Weltkrieg unzählige Beispiele, die dieses Prinzip der Kriegspropaganda belegen. In Frankreich zog sich der damalige Finanzminister Klotz, der zu Beginn des Krieges auch für die Pressezensur verantwortlich war, die Entrüstung des Verlegers von *Le Figaro* zu, weil er ihm untersagte, einen Bericht über Kinder zu veröffentlichen, denen die Deutschen die Hände abgehackt hatten. In seinen Memoiren schreibt Klotz:[190] »Eines Abends legte man mir einen Fahnenabzug des ›Figaro‹ vor, in dem zwei renommierte Wissenschaftler bestätigten und mit ihrer Unterschrift bekräftigten, dass sie mit eigenen Augen etwa hundert Kinder gesehen hätten, denen die Deutschen die Hände abgehackt hatten. Trotz der Zeugenaussage von immerhin zwei Wissenschaftlern hegte ich Zweifel am Wahrheitsgehalt ihres Berichts und untersagte die Veröffentlichung. Da der Verleger des ›Figaro‹ darüber äußerst ungehalten war, erklärte ich mich in Gegenwart des amerikanischen Botschafters bereit, diese Geschichte, die die ganze Welt in Aufruhr bringen würde, untersuchen zu lassen. Vorab bat ich die beiden Wissenschaftler, mir den Namen des Ortes zu nennen, wo sie die Kinder gesehen hatten, und bestand darauf, dass diese Angabe mir sofort und persönlich

190 *De la guerre à la paix*, Paris 1924.

unterbreitet würde. Noch heute warte ich auf ihre Antwort oder ihren Besuch.«

Ein französischer Volksschullehrer mit Namen Mayoux wurde zu zwei Jahren Gefängnis verurteilt und aus dem Schuldienst entlassen, weil er den Anschuldigungen gegen die Deutschen, Greueltaten begangen zu haben, widersprochen hatte oder zumindest öffentlich zu verstehen gab, dass die Franzosen nicht unbedingt zartfühlender waren.[191] Auch ein Lehrer am französischen Gymnasium in Kairo wurde von der laizistischen Mission vom Dienst suspendiert, weil er in einem Vortrag über den Krieg verschwiegen hatte, »auf welch grausame Art der Feind die Kampfhandlungen führte.«[192]

In Frankreich untersuchte *die Gesellschaft für dokumentarische und kritische Kriegsstudien,* welche Verantwortung jeder einzelnen Nation beim Auslösen des Ersten Weltkriegs zukam. Ihre Befunde blieben in der Aussage sehr moderat – und das, obwohl sich Pazifisten in ihren Reihen befanden. Weil die *Gesellschaft* sich jedoch überhaupt mit solcherlei Fragen beschäftigte, wurde sie Objekt permanenter Polizeiüberwachung; ihre Versammlungen waren stets von Spitzeln der Polizei durchsetzt. 1917 schließlich verlangte der Polizeipräfekt vom Innenministerium das definitive Verbot sämtlicher Aktivitäten der *Gesellschaft,* mit Erfolg. Georges Demartial, der die Gesellschaft leitete und dessen Buch ich schon des öfteren zitiert habe, wurde vor den Ordnungsrat der Ehrenlegion zitiert, nachdem er einen Artikel veröffentlicht hatte, in dem er Zweifel an der alleinigen Kriegsschuld Deutschlands anmeldete.[193]

In Großbritannien war die Situation für alle, die der Kriegspropaganda mit Zweifeln begegneten oder offen

---

191 Georges Demartial, a.a.O., S. 269.

192 *Progrès civique* vom 24. September 1921, zitiert von Georges Demartial, a.a.O., S. 271.

193 Christophe Prochasson, a.a.O., S. 162–167 und 212.

dagegen protestierten, nicht besser. Die *Union of Democratic Control*, die wichtigste Stimme der britischen Kriegsgegner, musste erleben, wie ihre Post, ihre Telefonleitungen und ihre Versammlungen von Scotland Yard überwacht wurden. Provokateure störten ihre Versammlungen, rissen ihre Spruchbänder herunter und verprügelten Redner und Zuhörer. Da ihnen bald niemand mehr einen Saal vermieten wollte, wurde es um Morel, die Galionsfigur der *Union*, sehr ruhig. Dabei war er gar kein Pazifist, hatte im Gegenteil immer beteuert, er würde selbstverständlich kämpfen, wenn sein Land angegriffen würde, das sei aber hier nicht der Fall gewesen. Die Polizei durchsuchte sowohl den Sitz der *U.D.C.* als auch das Privathaus von Morel. Sein Büro wurde ständig überwacht, seine Papiere wurden beschlagnahmt und in der Presse wurde er sogar beschuldigt, für den Feind zu spionieren. Der *Daily Sketch* (1. Dezember 1915) warf die Frage auf, warum man »diesen Erzverschwörer« nicht »endlich dingfest machen könne«. Der *Daily Express* fragte (4. April 1915), »wer« denn eigentlich »seine prodeutsche Union« finanziere, und der *Evening Standard* (7. Juli 1917) bezeichnete ihn offen als »deutschen Spion im eigenen Land«.[194] Am Ende wurde Morel tatsächlich inhaftiert und zu Zwangsarbeit verurteilt.

In den USA hatte Präsident Roosevelt angeblich im Ersten Weltkrieg die Losung ausgegeben: »Jeder, der in den Vereinigten Staaten direkt oder indirekt seine Sympathie für Deutschland zum Ausdruck bringt, muss verhaftet, erschossen, gehängt oder für den Rest seines Lebens hinter Gitter gebracht werden.«[195] Und in der Tat wurden in den USA Leute, die im Verdacht standen, sich dem Kriegsbeitritt ihres Landes zu widersetzen, ins Gefängnis gesteckt!

---

194 Diese drei Beispiele sind Adam Hochschild, *Les fantômes du roi Léopold – Un holocauste oublié*, S. 338 f und 399, entnommen.

195 Zitiert von George Demartial, a.a.O., S. 298; nach *Le Matin*, 6. April 1918, wo wiederum der Kansas City Star zitiert wird.

Auch im Zweiten Weltkrieg wurden Gegner der amerikanischen Kriegsbeteiligung als Verräter betrachtet. F. D. Roosevelt beschuldigte zum Beispiel Lindbergh und seinesgleichen der schlimmsten Doppelzüngigkeit,[196] und behauptete, die isolationistischen Republikaner hätten »die gefährlichste Bombe, die es überhaupt gibt«, über Amerika »abgeworfen.«[197] »Im Inneren unserer Gemeinschaft gibt es gewisse Kräfte, Leute, die sich selbst Amerikaner nennen, jedoch im Sinn haben, Amerika zu zerstören. Ihnen geht es, wie in anderen Ländern, allein darum, unsere Demokratie zu schwächen und den Glauben jedes freien Menschen an seine eigene Sache zu zerstören.«[198] Wer die Rechtmäßigkeit der amerikanischen Intervention im Ersten und Zweiten Weltkrieg bezweifelte, konnte kein Patriot sein: »Sie und ich, die wir im Ersten Weltkrieg gedient haben, sehen uns in diesen letzten Jahren mit den unpatriotischen Umtrieben gewisser Leute in unserem eigenen Land konfrontiert, die uns weismachen wollen, dass die Opfer die unser Land gebracht hat, vergebens waren.«[199]

Auch im Kalten Kriege war man schnell dabei, jeden, der sich nicht aktiv am Kampf gegen den Kommunismus beteiligte, als Verräter zu beschimpfen.[200] Und noch heute werden nicht selten Menschen des Verrats bezichtigt, die, etwa in Nordirland, in Israel, Palästina oder Zypern,[201] Versöhnung predi-

---

196 *America Chooses!*, a.a.O., S. 51 f, Rede vom 25. April 1941.

197 Ebd., S. 40 f., 24. Oktober 1940.

198 Ebd., S. 49, Rede vom 4. November 1940 in Cleveland, Ohio.

199 Ebd., S. 51, Rede am Grabmal des Unbekannten Soldaten auf dem Heldenfriedhof Arlington am 11. November 1940.

200 Vgl. Pascal Delwit und José Gotovitch (Hrsg.), *La peur du rouge*, Brüssel 1996.

201 Vierhundert Griechen und Türken der Insel ließen sich Blut abnehmen, um zwei an Leukämie erkrankten Kindern mit einer eventuellen Rückenmarkspende das Leben retten zu können. Diese Initiative ging auf »gemischte« Gruppen zurück und wurde weder von den türkischen noch von den griechischen Behörden gut geheißen. Die Presse ging so weit, die Teilnehmer

gen oder sich mit den angeblichen Gegnern an einen Tisch setzen.

In jedem Krieg werden Leute, die sich erst nach Anhörung der Argumente beider Lager eine Meinung bilden oder die offizielle Darstellung der Fakten in Zweifel ziehen, sofort als Komplizen des Feindes betrachtet.

Der Krieg gegen Jugoslawien bildete in diesem Punkt keine Ausnahme. Die meisten Journalisten gaben brav die Informationen weiter, die ihnen NATO-Sprecher Jamie Shea bei seinen täglichen »briefings« vorsetzte. Daneben gab es jedoch auch Journalisten, Intellektuelle und Künstler, so zum Beispiel Renaud, Georges Moustaki oder der flämische Sänger Arno,[202] die sich weigerten, in den Chor der allgemeinen Begeisterung einzustimmen, kritische Fragen äußerten und somit »den konformistischen Intellektuellen Paroli boten, die sich unter dem schützenden Flügel von Uncle Sam aneinander kauerten«.[203] Weil sie nicht bei der Herde geblieben waren, wurden sie sofort als antiwestlich, antidemokratisch, kurz als »Anhänger von Milosevic« beschimpft.

Die Medien, die in überwältigender Zahl die NATO-Befehle guthießen, fielen regelrecht über diese »Abweichler« her. Nur in »unwichtigeren« Sendungen bekamen sie noch die Chance, ihre Ansichten publik zu machen, was den Medien als Alibi und »Beweis« für den Pluralismus der Medienlandschaft diente.

Die französische Zeitung *Le Soir* und die belgische *RTBF*, aber auch die englische *BBC* verweigerten diesen lästigen

---

an dieser »gemischten« Aktion des Verrats zu beschuldigen (*Le Vif-l'Express*, 14. April 2000).

202 Er verweigerte seine Teilnahme an der Show »Pour le Kosovo«, indem er daran erinnerte, dass die Höchstsumme, die an diesem Abend erreicht werden könnte, noch nicht einmal die Kosten für zwei oder drei NATO-Bomben decken würde, die allein an diesem Tag in Jugoslawien fielen!

203 Die Wortwahl stammt von Georges Moustaki in seinem Artikel *A Daniel Cohn-Bendit* (*Le Monde*, 3. Juni 1999).

Opponenten schlichtweg ihre Unterstützung. Ein einziges Mal jedoch brach die BBC mit dieser Haltung, indem sie einen Wahlspot der Socialist Labour Party von Arthur Scargill ausstrahlte, in dem Zertörungen gezeigt wurden, die von NATO-Bomben in Jugoslawien angerichtet worden waren.[204] Woraufhin der Chefsprecher der Regierung Blair, Alastair Campbell, den britischen Medien und insbesondere der BBC-TV umgehend proserbische Gefälligkeit unterstellte, weil sie diese »Kollateralschäden« der NATO öffentlich gemacht habe.[205]

In *Le Monde* widmete Daniel Schneidermann im April und Juni 1999 zwei fast gleichlautende Artikel seinem Vorwurf an die französischen Journalisten, nicht genügend diszipliniert gewesen zu sein. Einige unter ihnen hätten eine »übertriebene Vorsicht« offenbart, hätten sich »ungläubig« gezeigt, »die Zeugenaussagen von Flüchtlingen zu vorsichtig behandelt«; kurz, sie hätten sich »ein Übermaß an Misstrauen« zuschulden kommen lassen.[206]

Der Bericht von Jiri Dienstbier über den Kosovo, den der UNO-Generalsekretär den UN-Mitgliedstaaten in vollständiger Fassung übergab, setzte seinen Autor einer Flut von Angriffen aus. Warum? Sein Bericht galt als zu ausgewogen. Dienstbiers Schlussfolgerungen lauteten: »Auf die ethnische Säuberung von Albanern im Frühjahr, die Mord, Folter, Plünderungen, das Anzünden von Häusern nach sich zog, folgte im Herbst die ethnische Säuberung von Serben, Zigeunern, Bosniern, und anderen nichtalbanischen Gruppen, mit den gleichen Grausamkeiten im Gefolge.«[207] Jiri Dienstbier wurde

---

204 Michel Collon, *Monopoly – L'Otan et la conquête du monde,* a.a.O., S. 48.

205 *Le Monde,* 13. Juli 2000.

206 *Le Monde-télévision,* Sonntag 11. und Montag 12. April 1999 sowie Sonntag 27. und Montag 28. Juni 1999.

207 Zitiert nach Serge Halimi und Dominique Vidal, *L'opinion ça se travaille,* a.a.O., S. 58.

daraufhin in *Le Monde* (14. Dezember 1999) von Ismail Kadaré heftig attackiert und beschuldigt, Opfer und Täter auf dieselbe Ebene zu stellen. Die Reaktion Dienstbiers erfolgte am 26. Januar 2000: »Es gibt keine ›serbischen oder albanischen Verbrechen‹. Verbrechen werden von ganz bestimmten Kriminellen begangen. Mal tragen diese Leute einen serbischen, mal einen albanischen Namen, mal einen ganz anderen. Ich stelle also Opfer und Täter mitnichten auf eine Ebene. Ich stelle serbische und albanische Täter auf eine Ebene und verfahre ebenso mit serbischen und albanischen Opfern.« Er weigerte sich, die zweite Welle von Verbrechen, die in Anwesenheit der Minuk, Kfor und OSZE begangen wurden, mit dem Argument der »verständlichen Rache« zu erklären und betonte, »Hauptursache für die Vertreibungen, Morde, Plünderungen, Zerstörung von Häusern und für andere Grausamkeiten ist die organisierte Kriminalität derer gewesen, die mit der Waffe in der Hand die Besitztümer der Vertriebenen beschlagnahmten und daraufhin versuchten, sich der Herrschaft zu bemächtigen. Für Kriminelle und Mafiosi war es ein Leichtes, die offene Grenze ungehindert zu passieren.«

Viele von denen, die gegenüber der offiziellen Propaganda im Jugoslawienkrieg Vorbehalte äußerten, wurden in den Schmutz gezogen. Jedes Hinterfragen der Fakten galt als Beweis für Komplizenschaft mit dem Feind. Die albanischen Kosovo-Intellektuellen Veton Surroi und Baton Haxhia wurden von der offiziellen Nachrichtenagentur, die der UCK wohlwollend gegenüber stand, als *Verräter* behandelt, weil sie die Verbrechen an der nichtalbanischen Bevölkerung kritisiert hatten. Der Kommentar der Agentur bezeichnete sie als »Degenerierte, Bastarde, die nach slawischen Ausdünstungen stinken und im freien Kosovo keinen Platz haben, und zudem das eventuelle und berechtigte Ziel von Repressalien darstellen können.«[208]

208 Ebd., zitiert nach Serge Halimi und Dominique Vidal, a.a.O., S. 60.

Der Schriftsteller Peter Handke, der im Juni 1999 für das Wiener Burgtheater ein Stück über den Jugoslawienkrieg geschrieben hatte, in dem er seine Verachtung gegenüber den »humanitären Hyänen«, den internationalen Experten und Journalisten im Dienst der »monopolistischen Wahrheitsproduktionszentrale«[209] zum Ausdruck brachte, wurde sofort beschuldigt, sich ganz und gar der serbischen Sache verschrieben zu haben, sich ausgerechnet für dieses Land einzusetzen, »weil nämlich die ganze Welt es hasst«. Weil er in seinem Text von den Leiden des serbischen Volkes sprach, während die Medien nur das der Kosovo-Albaner thematisierten, wurde sein Stück ausgebuht. Die Wiener Tageszeitung *Kurier* und die *Frankfurter Allgemeine Zeitung* fielen über den »wild gewordenen« Autor her, über seine aggressiven und parteiischen Stellungnahmen und seinen Text, in dem sie »nicht mehr als eine Ansammlung von Dummheiten« sahen.[210]

Auch in Frankreich wurden diejenigen, die Zweifel an der Berechtigung von Bomben gegen die jugoslawische Zivilbevölkerung vorbrachten, als »Braun-Rote«, »Revisionisten« und Komplizen von Milosevic beschimpft. Die Wochenzeitung *L'Evènement* veröffentlichte am 29. April 1999 Namen und Fotos all derer, die, so der Titel, »Die Komplizen Milosevics« seien. Darunter waren unterschiedslos französische Intellektuelle und Schriftsteller, die gegenüber der NATO-Politik kritisch oder skeptisch eingestellt waren (Pierre Bourdieu, Max Gallo, Serge Halimi etc.), aber auch Sänger wie Renaud und Kirchenmänner wie Abbé Pierre und Monseigneur Gaillot! *L'Evènement* griff unter anderem die Presse an, die diesen Oppositionellen ein Forum bot (*Le Monde Diplomatique, L'Humanité, Politis*) sowie u.a. die Gewerkschaft C.G.T., die Kommunistische Partei P.C.F.

---

209 Das Stück hieß *Die Fahrt im Einbaum* oder *Das Stück zum Film vom Krieg*.

210 Vgl. *Le Monde* vom 11. Juni 1999 und vom 13. und 14. Juni 1999.

sowie die französische Friedensbewegung, weil sie sich angeblich entschlossen hatten, »die großserbische Fahne zu schwingen«!

Selbst *Le Monde* diffamierte die Gegner des NATO-Krieges. Zum Beispiel unterschlug die Zeitung am 1. April 1999, als die Petition *Europäer für den Frieden* des Kollektivs *Nein zum Krieg*, das immerhin 100.000 Namen zählte, publik gemacht wurde, in der »die sofortige Einstellung der Luftangriffe der NATO sowie die Einleitung wirklicher Verhandlungen [...] für einen dauerhaften Friedensplan« gefordert wurde, in der Schlagzeile die renommierten Namen der Unterzeichner dieser Petition (Abbé Pierre, Gilles Perrault, Max Gallo, Alexander Zinoview, Peter Handke, Jean-Francois Kahn), sondern titelte vielmehr: »Der peinliche Aufruf zum Frieden der ›neuen Rechten‹«. Die Pariser Zeitung hob in der Tat hervor, unter den 100.000 Unterzeichnern seien »vor allem [sic!] etwa fünfzehn Vertreter und Sympathisanten der ›Neuen Rechten‹« und suggerierte, es handle sich bei dieser Initiative um eine »›braun-rote‹ Allianz, eine Verbindung aus extremer Rechter und kommunistischer, ja anarchistischer Einflussgruppen«.

Ziel der heftigsten Diffamierungskampagne in Frankreich war jedoch der Schriftsteller Régis Debray. Er hatte mitten im Krieg gegen Jugoslawien die Kühnheit besessen, sich mit eigenen Augen ein Bild von dem zu machen, »was auf der anderen Seite passiert«. In einem in *Le Monde* (13. Mai 1999) und einem anderen in der Zeitschrift *Marianne* (17.–23. Mai 1999) veröffentlichten Artikel zog er die Bilanz seines Aufenthaltes und erklärte, die schlimmsten Verbrechen im Kosovo seien während des Bombenhagels der NATO begangen worden und es habe sich dabei um »Repressalien« gehandelt, die durch »unkontrollierte Elemente« mit der wahrscheinlichen Komplizenschaft der örtlichen Polizei ausgeführt wurden. Deshalb jedoch, so Régis Debray weiter, das serbische

Volk a priori »als kollektiv kriminell« zu bezeichnen, sei eines Demokraten nicht würdig. Der Bericht von Régis Debray über seine Eindrücke im Kosovo endete mit der Aufforderung: »Zweifelt!«

Bereits am Tag nach Erscheinen des Artikels in *Le Monde* – das heißt, seine Widersacher hatten bereits im Vorfeld ihre Feder spitzen können – musste Debray durch ein schreckliches Sperrfeuer. Bernard-Henri Lévy warf ihm entgegen: »Adieu, Régis Debray«, was einer Exkommunikation gleichkam. Weil er nicht »linientreu« war, setzte sich die Medienmaschine schnell in Gang. Er wurde beschuldigt – nun wurde endlich offen gesprochen – revisionistisch zu sein und negative Fakten zu leugnen. Patrick Canivez, Dozent an der Universität Charles-de-Gaulle-Lille III, zieh ihn des Zynismus und der Naivität, weil er »den Berichten über Vergewaltigungen, Vertreibungen, Ermordungen misstraut«, das »Verbrechen geleugnet« habe. Er habe die Botschaft im Sinne der Serben weitergegeben, sich in ein Thema eingemischt, über das er offensichtlich schlecht informiert sei, und sich von den Serben vereinnahmen lassen, die »ihn freundlich empfangen und beschützt« hätten (*Le Monde*, 16. und 17. Mai 1999). Pierre Bayard und Jean-Louis Fournel, Professoren an der Université de Paris VIII, beschuldigten Debray »wegen seiner überzogenen Kritik« in derselben Ausgabe von *Le Monde* der Unaufrichtigkeit, der Leugnung der begangenen Grausamkeiten und des Revisionismus. Folge man seiner Auffassung, so die beiden Professoren, so komme man wahrscheinlich bald nicht mehr umhin, »den Berichten von vertriebenen und schwerverletzten Frauen und Männern mit größtem Misstrauen zu begegnen«. Alain Joxe, Direktor der sozialwissenschaftlichen Fakultät, schrieb in *Le Monde* (14. Mai 1999): »Régis Debray hat sich für sein Lager entschieden, das Lager von Milosevic«. Pierre Georges warf Debray vor, er sei »ein falscher

Journalist.«[211] Daniel Schneidermann beschuldigte ihn, er würde »den Flüchtlingen aus der Ferne noch Ohrfeigen verpassen.«[212] Das Exekutionskommando war vollzählig zur Erschießung des »Verräters« angetreten.

Als sich die amerikanische Regierung 2001 zum Krieg gegen Afghanistan entschloss, wurden alle, die sich gegen diese Entscheidung aussprachen oder an ihrer Berechtigung zweifelten, schnell öffentlich kaltgestellt. So zum Beispiel in der kalifornischen Universitätsstadt Berkeley: Deren Gemeinderat folgte dem Vorschlag seines Mitglieds Dora Spring und wandte sich im Oktober 2001 gegen die Bombardements. Unmittelbare Folge waren Morddrohungen, Drohung von Vergewaltigung oder von Boykott gegen die Stadt. Absender dieser Drohungen waren Privatleute ebenso wie Unternehmen und Organsiationen.[213] Auch Barbara Lee, Mitglied der Demokratischen Partei, Schwarze, und einziges Kongressmitglied, das nicht dafür gestimmt hatte, dem Präsidenten freie Hand zum Angriff gegen Afghanistan zu geben, wurde daraufhin mit Morddrohungen überzogen.

Desgleichen musste in Australien der Boxer Anthony Mundine seine Gegnerschaft zum Krieg gegen Afghanistan teuer bezahlen. Dieser Aborigine-Champion erklärte live in der *Ray Martin Show* auf Kanal 9, einem Sender, der zum Murdoch-Imperium gehört, dass er den Krieg gegen Afghanistan nicht für die Lösung des Terrorismusproblems halte und dass der nächste Schlag gegen die USA schon absehbar sei, wenn diese weiterhin den Planeten mit ihrer Aggression überziehen würden. An dieser Stelle wurde die Sendung aus »technischen« Gründen abrupt unterbrochen. Mundine wurde in den australischen Medien als Anhänger Bin Ladens und der Taliban diffamiert, und der Präsident der internationalen

---

211 *Le Monde*, 18. Mai 1999.

212 *Le Monde-télévision*, 16. und 27. Mai 1999.

213 Vgl. spring@ci.berkeley.co.us.

Boxervereinigung, Joe Dwyer, erklärte, Mundines Kommentare hätten »seine Karriere vernichtet«. Ein paar Tage später verkündete der Weltverband der Boxer die definitive Annullierung von Mundines internationaler Klassifikation.[214]

Beim zweiten Irakkrieg waren die kontinentaleuropäische Presse und die jeweiligen Regierungen ausgesprochen zurückhaltend. Doch in den USA fand das letzte Prinzip der Kriegspropaganda auch diesmal Anwendung. Wer Kritik oder Zweifel an diesem Krieg äußerte wurde verhöhnt, musste sich ironische Bemerkungen anhören, Anspielungen auf Details aus dem eigenen Privatleben oder Drohungen über sich ergehen lassen. Der Schauspieler Sean Penn, der in den Irak gereist war und sich den Drohungen G. W. Bushs gegen den Irak vehement entgegenstellte, wurde von dem Starjournalisten Bill O'Reilly auf *Fox News* regelrecht lächerlich gemacht. Im selben Moment verkündete die *Washintgton Post* auf ihrer Titelseite, dass einer der in den Irak entsandten Inspekteure – der sich weigerte, sich als simpler Statist für Kriegsvorbereitungen missbrauchen zu lassen – zur Spitze eines Sado-Maso-Clubs gehöre, was über seine Integrität im Rahmen dieser Mission ja a priori wenig aussagt.

Die europäischen »Dissidenten« wurden von der amerikanischen Presse als Verräter gebrandmarkt und das *Wall Street Journal* bezeichnete den französischen Staatspräsidenten Chirac als »Drückeberger [»rat«] und niederträchtigen Anwalt Saddams.«[215] David Kelly seinerseits, dem es immer mehr um Wahrheit als um Politik zu tun war, musste sich vom britischen Umweltminister Bren Bradshaw als »Maulwurf« beschimpfen lassen (16. Juli 2003). Die amerikanischen

214 Über die Affäre Anthony Mundine wurde im Oktober 2001 in der australischen Presse ausführlich berichtet, insbesondere vom *Sydney Telegraph* (Artikel von Piers Akerman) und dem *Sydney Morning Herald* (Artikel von Miranda Devine) 29. April bis 5. Mai 1999.

215 Artikel von Christopher Hitchens, zitiert von Gary Younge in *The Guardian*, 11. Februar 2003.

»Verräter«, also Leute, die gegen den Krieg waren, mussten Anzeigenseiten kaufen, um ihre Kritik öffentlich äußern zu können, so z. B. der Senator Robert Byrd[216] oder Dr. Matthias Rath[217]. Wegen seiner Kritik an den Kriegsvorbereitungen gegen den Irak wurde der demokratische Kongressabgeordnete James Moran beschuldigt, die Moral der amerikanischen Truppen zu unterminieren und den Patriotismus auf schäbige Weise schlecht zu machen.[218] Aus denselben Gründen wurden am 16. Februar 2003 zwei New Yorker Künstler festgenommen, weil sie in der Stadt an Häuserwänden Fotos von ganz normalen Einwohnern Bagdads plakatiert hatten![219]

Das bleibt selbst dem Papst nicht erspart. Nachdem er im Einklang mit der neutralen diplomatischen Haltung des Vatikan erklärt hatte, dass »der Krieg zwischen der Ukraine und Russland keine Konfrontation von Gut und Böse ist«, musste sich der Pontifex Maximus vehement gegen den Angriff verteidigen, er sei Pro-Putin.[220]

Dasselbe Abenteuer ist Jean-Luc Mélenchon widerfahren, als der Führer der Partei La France Insoumise den Überraschungsbesuch von Nancy Pelosi, der Präsidentin des amerikanischen Repräsentantenhauses, als »Provokation« bezeichnete. »Seit 1965 und dem General de Gaulle gibt es für die Franzosen nur ein China«, lautet die diplomatische Linie Frankreichs. »Ich habe nur die unveränderte diplomatische Haltung unseres Landes gegenüber China seit 1965 wiederholt«, schreibt er und hebt hervor, dass »nicht nur die von unserem Land und den Mitgliedsstaaten der Vereinten

---

216 *New York Times*, 9. März 2003, S. 25.

217 Ebd., S. 19, erschien in Übersetzung oder in Zusammenfassung in verschiedenen europäischen Zeitungen (z. B. *Le Soir*, 24. März 2003).

218 *New York Times*, 12. März 2003.

219 Emilie Clark und Lytle Shaw, die Fotos stammten von Paul Chan. Ihre Verhaftung war Teil eines Einschüchterungsmanövers, mit dem andere Kriegsgegner an ähnlichen Aktionen gehindert werden sollten.

220 *La Croix* vom 14. Juni 2022.

Nationen ratifizierten internationalen Vereinbarungen« das so regeln, sondern auch »China und die USA sich dafür einsetzen, die Grenzen und die territoriale Integrität des anderen zu respektieren.«[221] Trotzdem wurde Mélenchon als pro-chinesisch und als Freund der Diktatoren bezeichnet.

In Belgien wurde der Abgeordnete des Parti du travail de Belgique, Nabil Boukili, Opfer dieses Prinzips. Obwohl er die militärische Intervention Russlands verurteilt und dabei auch noch bekräftigt hatte, dass er keinerlei Sympathie für den Chauvinismus Putins hege, brachte ihm seine Kritik an der Verantwortung, die auch die USA und die Nato für den Konflikt tragen, folgenden Kommentar des belgischen Premierministers, Alexander De Croo, ein: »Man könnte sagen, dass Putin heute Verbündete in diesem Parlament hat. In einem Augenblick wie diesem ist das besonders unpassend. Ukrainische Bürger befinden sich jetzt in Todesgefahr, weil sie in einem freien und demokratischen Land leben wollen. (…) Die Nato war nie eine Gefahr für Russland«.[222]

Womit bewiesen wäre, dass niemand während eines Konflikts das Recht hat, laut nach dem *Warum* des Krieges zu fragen oder das Wort »Frieden« ohne »verräterische« Absichten auszusprechen. Zudem sind die Medien dermaßen abhängig von den politisch Verantwortlichen, dass sie in einem solch heiklen Moment unmöglich pluralistisch bleiben können.

Natürlich enthält keine einzige europäische Verfassung einen Passus, der in Kriegszeiten das Recht auf freie Meinungsäußerung aufhebt, doch in der Realität ist das tatsächlich der Fall. Nach einer weit verbreiteten Ansicht sollte man sich in Kriegszeiten jeglicher Opposition zur eigenen Regierung enthalten. Die Unterstützung der heiligen Union ist

---

221 www.francetvinfo.fr.: *Propos de Jean-Luc Mélenchon sur Taiwan: la polémique résumée en quatre actes*, vom 6. August 2022.

222 www.7sur7.be, Alexander De Croo recadre le PTB: »C'est révoltant, on dirait que Poutine a des alliés das ce parlement.«

Pflicht. Nun sollte aber gerade in Kriegszeiten, wo Fehlentscheidungen der Regierung besonders fatale Folgen haben können, das Recht auf freie Meinungsäußerung garantiert sein, um die Regierung an Irrtümern hindern zu können.

Soll man sich, um nicht als Verräter zu gelten, jeglichen Widerspruchs enthalten? Ist es nicht mehr erlaubt, *für* sein Land nur dann zu sein, wenn es im Recht ist, aber *gegen* sein Land, wenn es Unrecht hat? Verlangen Recht und Wahrheit nicht, dass man seine Feinde verteidigt, wenn sie für Verbrechen verantwortlich gemacht werden, die sie gar nicht begangen haben? Auch auf die Gefahr hin, des Hochverrats angeklagt zu werden?

Von Lord Ponsonby zu Jamie Shea

Nun könnte man annehmen, dass die beschriebenen Prinzipien der Kriegspropaganda zwar in den Kriegen der Vergangenheit zur Anwendung kamen, heute aber keine Gültigkeit mehr besitzen und daher beim nächsten Konflikt nicht mehr vorkommen. Diese Annahme setzt aber voraus, dass wir heute gegen Propaganda besser gefeit sind als die Generationen vor uns und verkennt den universellen Charakter dieser Prinzipien. Selbst wenn wir es nicht gerne hören: Auch den nächsten Krieg wird man uns ohne jeden Zweifel als »Aggression« des Gegners verkaufen, als Kampf zwischen Gut und Böse schmackhaft machen, den Führer des feindlichen Lagers als teuflische Fratze verunglimpfen. Die Tinte von Wissenschaftlern wird dazu genutzt werden, das Blut der Märtyrer fließen zu lassen. Und so weiter und so fort.

Die Prinzipien der Kriegspropaganda werfen also, um das Thema abzuschließen, einige grundlegende Fragen auf:

- Sind wir heute genauso leichtgläubig wie unsere Vorfahren?
- Werden die Ponsonby-Prinzipien bewusst eingesetzt?
- Welche Bedeutung kommt der Wahrheit zu?
- Birgt der systematische Zweifel nicht auch gewisse Risiken?

Die erste Frage möchte ich mit einem »Ja, aber« beantworten. »Ja«, wir schenken heute Lügenmärchen genauso Glauben wie die Generationen vor uns. Das Märchen von den kuweitischen Babys, die von irakischen Soldaten aus ihren Brutkästen gerissen wurden, steht dem von den belgischen Säuglingen, denen man angeblich die Hände abgehackt hatte, in nichts nach. Beide haben ihren Zweck erfüllt, unser Mitgefühl zu wecken, das heißt, sie wurden von einem Großteil der Bevölkerung bereitwillig »geschluckt«. Vielleicht im ersten Golfkrieg noch bereitwilliger, hat sich doch die Kommunikation inzwischen zu einer perfekten Kunst entwickelt. Da ohne die Zustimmung der Bevölkerung heute ein Krieg weder erklärt noch geführt werden kann, haben sich die persuasiven Methoden, mit denen diese Zustimmung erreicht werden soll, immer mehr verfeinert. Auch wenn manche das Gegenteil behaupten mögen,[223] nehmen die Medien in Kriegszeiten keineswegs eine oppositionelle Haltung ein. Selbst in einer »Demokratie« lässt sich ein Monopol über Produktion und Verbreitung von Informationen und Bildern feststellen, das gegensätzlichen Bildern oder möglichen Gegenmeinungen keinen Platz einräumt.

Die Schaffung eines geradezu hypnotischen Zustands, in dem sich die gesamte Bevölkerung im tugendhaften Lager des gekränkten Gutmenschen wähnt, entspricht wahrscheinlich einem pathologischen Bedürfnis. Wie gerne reden wir uns selbst und anderen ein, wir würden uns an einer noblen Operation beteiligen, das Gute gegen das Böse verteidigen. Wir sehen uns selbst als ehrlich und anständig, schmieden uns gern eine rechtfertigende Ideologie. Und die aktuellen Techniken der »Meinungsbeeinflussung« unterstützen uns

---

223 Laurence Van Ypersele (U.C.I.) schrieb in der Zeitschrift *Louvain* Nr. 107, April 2000, »totalitäre Regime« würden sich »auf die Informationsverfälschung durch Bilder meisterhaft verstehen [...] Der Vorteil der Demokratie« bestehe »darin, niemals das absolute Monopol über Produktion und Verbreitung von Bildern zu besitzen [...] Diese Produktion [...] geht von mehreren Stellen aus, die zuweilen gegensätzliche Positionen vertreten und Raum lassen für weitere Gegenpositionen.« Diese Analyse ist meines Erachtens falsch, zumindest in Bezug auf Kriegssituationen.

heute in dieser kollektiven Illusion viel stärker als Goebbels es zu seiner Zeit vermochte. Wie sagte ein Satiriker: »Heutzutage glauben die Leute nur noch an den Quatsch, den sie im Fernsehen gesehen haben.«[224]

Doch auch wenn der eine oder andere insgeheim ahnt, dass die Medien seine Gutgläubigkeit missbraucht haben, heißt das noch nicht, dass er es sich wirklich eingestehen will!

»Aber …«

Die Leichtgläubigen sind jedenfalls auch nicht mehr so einfach hereinzulegen, wie sie es einmal waren. In unserer Welt ist Skepsis eine gar nicht so selten anzutreffende Haltung, ganz gleich ob in Bezug auf religiöse, militärische oder politische Autoritäten. Diese Skepsis sollten wir auch den Medien gegenüber an den Tag legen, denn die treten diesen Autoritäten häufig allzu leichtgläubig entgegen. Jedenfalls ist zu hoffen, dass die Lügen von gestern heute auf mehr kritischen Verstand stoßen. Und diese Hoffnung habe ich auch mit dem Schreiben dieses kleinen Buches verbunden.

Die Frage, ob die Ponsonby-Prinzipien jeweils bewusst angewandt werden oder ob sie sich eher zufällig einschleichen, lässt sich nicht in eindeutiger Weise beantworten. Auch meine zwölfjährige Tochter Bérénice stellte mir, als ich ihr von meinem Buch erzählte, diese zugleich unbefangene und scharfsinnige Frage. Ob sie dabei im Kopf hatte, dass Fälscher am Werk waren, die direkt von den zehn Ponsonby-Prinzipien inspirierte »Infos« in ihre Computer eingeben, oder aber enttäuscht sind, wenn sie die Prinzipien mit den Lügen des Tages nicht in Einklang zu bringen vermögen? Dieses durchsichtige Bild würde ja implizieren, dass es ein großes globales Komplott gibt, dem wir alle auf den Leim gehen; eine Hypothese, der ich nicht folgen will. Dennoch ist die

224 Oder vielmehr ließ er es sagen, denn Greg legte diese Worte seinem Helden Achille Talom in den Mund.

Professionalisierung der Kommunikation heute so weit vorangeschritten, dass der NATO-Sprecher während des Luftkriegs gegen Jugoslawien die Ponsonby-Prinzipien mit großer Sicherheit gekannt und angewendet hat. Der Propagandaspezialist Jamie Shea hat am Lincoln College der Universität Oxford einen Abschluss gemacht, mit einer Arbeit ausgerechnet über – die französischen Intellektuellen und den Ersten Weltkrieg.[225] Er kennt also die Saiten, auf denen er spielen muss, ganz genau. Und die Medien tragen mit ihrer Filterung dazu bei, die Journalisten auszuwählen, von denen die gewünschte Botschaft am effizientesten verbreitet wird.

Man hat in der Geschichte so oft erlebt, wie die »Informationen«, mit denen die Kriegstreiber ihr »Kanonenfutter« mobilisiert hatten, im Nachhinein dementiert wurden, ohne dass das zu Aufruhr innerhalb der Bevölkerung führte, dass man sich fragen kann, ob der Wahrheit überhaupt noch eine Bedeutung zukommt.

Nun muss Misstrauen nicht unbedingt Wahrheit im Gefolge haben. Gewiss, es gibt Wahrheiten, die aufgrund mangelnder Fakten oder unzureichender Recherchemöglichkeiten »nicht erkannt« werden können. Doch natürlich ist es nicht so, dass die Wahrheit nicht existiert, bloß weil man sie nicht kennt. Hatte es in Bosnien 200.000 oder 20.000 Tote gegeben? Hatte es beim Massaker von Sétif 1945 durch die französische Armee 1.500 oder 45.000 Opfer gegeben?

Wenn die Schätzung der Anzahl von Opfern der Serben im Kosovo zwischen 500.000 und 2.500 schwankte, so heißt das natürlich nicht, dass die definitive Zahl dieser Toten keine wirkliche und objektive Gegebenheit wäre. Seltsamerweise sind diejenigen, die bereits mit Opferzahlen operieren, wenn

---

225 Jamie Shea, *French Intellectuals and the Great War 1914–1920*, Ph.D. thesis. Er beschreibt darin jede Opposition oder Kritik am Ersten Weltkrieg als sentimentalen Pazifismus.

man darüber noch gar nichts wissen kann, und die dann von hunderttausenden von Opfern sprechen, hinterher, nämlich wenn endlich seriöse Angaben zur Verfügung stehen, immer der Meinung, dass diese Zahlen letzten Endes bedeutungslos sind.

Es wäre aber auch besonders naiv sich vorzustellen, dass man die beiden Versionen einfach nur einander gegenüberstellen muss, um dann die Wahrheit in der Mitte zu finden. »In medio stat virtus« (die Tugend findet sich in der Mitte) ist ein Spruch, der sich auf die historische Wahrheit nicht übertragen lässt.

Zwar kann es tatsächlich so sein, dass nur in *einem* der beiden Lager gelogen wird, dass in der Tat *einer* der beiden Kriegsgegner ohne ersichtlichen Grund angegriffen wurde, dennoch ist es besonders schwierig, zu beurteilen, *wer* der Aggressor war und *wer* Opfer der Agression.

Ändert das aber wirklich etwas an den Dingen? Lügen, auch wenn sie tugendhaft daherkommen, bleiben Lügen und erschweren immer die Wahrheitsfindung. Und wer glaubt, all das sei letzten Endes völlig bedeutungslos, der sollte sich fragen, wozu die Propagandalügen erfunden werden, wenn sie nicht einen entscheidenden Beitrag zur Erzeugung des für eine Kriegserklärung und -duchführung unverzichtbaren Konsenses leisteten.

Die vierte Frage (»Birgt der systematische Zweifel nicht auch gewisse Risiken?«) führt uns zu den Gefahren des Relativierens zurück. Wenn *alle* dasselbe sagen und dieselben Argumente benutzen, muss man dann nicht die ganze Welt in einen Topf werfen?

Nun wissen wir zwar, dass die meisten Kommunikatoren lügen, dennoch hoffen wir, dass es sich in unserem Fall anders verhält. Wir, die Demokraten, Altruisten (im Gegensatz zu den andern, die *so tun, als wären sie* Altruisten, es aber nicht sind), Verteidiger der Menschenrechte, wir sind – ausnahmsweise – gewiefter, uns belügt man nicht, zumindest diesmal nicht. Wir lügen nicht, wir führen Krieg, weil wir tatsächlich gute Gründe dafür haben …

In der Tat: Wenn es den Halunken gelingt, der Bevölkerung genau die Gründe zu nennen, die sie hören will, so entsprechen diese altruistischen Argumente ja vielleicht universellen moralischen Prinzipien. Selbst die gemeinsten Operationen werden auf diese Weise in noble moralische Motive gehüllt, die das Publikum, das sich die Berechtigung dieser Operationen selber gerne einredet, erwartet.

Doch identische Phrasen (»Wir helfen einer verfolgten Bevölkerung«) können sehr unterschiedliche Realitäten verbergen. Es ist nicht dasselbe, ob man wirkliche Verfolgungen zu eigenen Zwecken nutzt oder sie von vorn bis hinten erfindet, um sich ihrer als Alibi zu bedienen. Die Instrumentalisierung der Massaker ist etwas ganz anderes als die Nichtexistenz dieser Massaker, aber es ist nicht einfach, die Wirklichkeit hinter den Worten herauszufiltern.

Zur Frage, welche Gefahren überzogener Skeptizismus birgt, lässt sich natürlich anführen, dass übermäßige Vorsicht jede Aktion lähmen kann und Handeln zuweilen dringend geboten ist. So meint zum Beispiel Joël Kotek, dass die englische und amerikanische Bevölkerung im Zweiten Weltkrieg sehr skeptisch auf die ihnen vorgesetzten Informationen über die Naziverbrechen in den Konzentrationslagern reagierten, weil sie die Lügen der britischen Kriegspropaganda über deutsche Verbrechen von 1914–1918 noch in lebhafter Erinnerung hatten.[226]

Dennoch ist es im Allgemeinen so, dass Skeptiker im Lager des Feindes begrüßt, im eigenen dagegen abgelehnt werden.

---

226 Joël Kotek, *Le siècle des camps: détention, concentration, extermination, cent ans de mal radical*, Paris 2000. Deutsche Ausgabe: *Das Jahrhundert der Lager*, Berlin 2001.

Wenn ich also abwägen soll, scheint mir deutlich, dass überzogener Skeptizismus – selbst wenn er in bedauerliche Dummheiten wie der Leugnung von Fakten mündet – nur wenige Tote auf dem Gewissen hat und weniger tragische Folgen nach sich zieht als blinde Leichtgläubigkeit. Systematischer Zweifel scheint mir noch das beste Gegengift gegen das Gift der täglichen Gesinnungsprodukte, die uns über die Medien ins Haus geliefert wird, ob nun bei internationalen Kriegen, ideologischen oder sozialen Konflikten.

Auch bei sozialen Konflikten wird uns mit allen beim dritten Ponsonby-Prinzip beschriebenen Mitteln (der Führer des gegnerischen Lagers hat dämonische Züge) einzureden versucht, dass etwa Gewerkschaftsführer, die sich von den Bedürfnissen ihrer Mitglieder entfernt haben, die schlimmsten Blutsauger sind. Die Medien präsentieren sie uns als Provokateure, als Aufwiegler, Manipulatoren, Demagogen, Abenteurer, »Gurus«, Mafiosi, Kriminelle, Verschwörer, Terroristen. Und sie finden höchst unattraktive Adjektive für sie: *beschränkt, ungehobelt, despotisch, gewalttätig, tyrannisch, unverantwortlich.*[227]

Auch in den jüngsten Kriegen gegen Afghanistan und den Irak kamen alle klassischen Propagandaprinzipien zur Anwendung, wobei die einen eher eine Neben-, andere eine Hauptrolle spielten. So wurde die Öffentlichkeit mit Hilfe des sechsten Prinzips umfangreich auf die bevorstehende Attacke gegen den Irak im Frühjahr 2003 vorbereitet, indem man dem Gegner unterstellte, unerlaubte Waffen *einzusetzen.* Dabei wurde der Irak, so muss ich präzisieren, nicht einmal beschuldigt, diese Massenvernichtungswaffen einzusetzen, sondern lediglich, sie zu *besitzen.* Es wurde so lange über diese angeblich vorhandenen und »unerlaubten«

---

227 Vgl. die Analyse der Konstruktion dieser Bilder durch Geoffrey Geuens, Universität Lüttich: *De l'archétype savant au stéréotype politique. Figures médiatiques du leader ouvrier,* in: *Quaderni,* Nr. 40, Winter 1999–2000.

Massenvernichtungswaffen berichtet, bis sie schließlich die wichtigste Rechtfertigung für den Krieg darstellten. Die übrigen Propagandaprinzipien hatten bei diesem Konflikt nur eine ergänzende oder begleitende Funktion für den wichtigsten – und zugleich trügerischsten – Vorwand des Kriegs.

Es ist an uns zu zweifeln. Ganz gleich, ob wir uns in einem heißen, kalten oder lauwarmen Krieg befinden.